Pöhlau · Werner

Gesund und bewusst essen bei Multipler Sklerose

Über die Autoren:

Dr. med. Dieter Pöhlau ist Chefarzt der neurologischen Klinik in Asbach im Westerwald, einer neurologischen Klinik mit Schwerpunkt in der Behandlung von Patienten mit Multipler Sklerose.

Gudrun Werner ist Diplom-Ökotrophologin. Sie beschäftigt sich seit Jahren mit der Ernährung bei Multipler Sklerose und hat über 7 Jahre in einem Fachkrankenhaus für MS und andere Nervenleiden gearbeitet.

Dr. med. Dieter Pöhlau
Dipl.-Ökotrophologin Gudrun Werner

Gesund und bewusst essen bei Multipler Sklerose

- Welche Nährstoffe Ihnen helfen
- Wie Sie Ihren täglichen Bedarf optimal decken
- Mit köstlichen Rezepten direkt zum Nachkochen

TRIAS

Impressum

Leserservice:

Wenn Sie Fragen oder Anregungen zu diesem Buch haben, schreiben Sie uns an:
TRIAS Verlag in
Postfach 30 05 04
D-70445 Stuttgart

Covergestaltung und Textzeichnungen:
Cyclus · Visuelle Kommunikation, Stuttgart unter Verwendung eines Fotos von Fridhelm Volk

Lektorat und Bildredaktion:
Thomas Kopal,
Julia Alber
Projektleitung: Uta Spieldiener

Bildnachweis: S.10, 38, 40, 64 ZEFA
Fotos Rezepte. Fridhelm Volk, Stuttgart

Die Deutsche Bibliothek –
CIP-Einheitsaufnahme

Ein Titeldatensatz für diese Publikation ist bei Der Deutschen Bibliothek erhältlich.

Gedruckt auf chlorfrei gebleichtem Papier

Printed in Germany
Satz: Cyclus · Media Produktion
Druck: Westermann-Druck, Zwickau
ISBN 3-8304-3070-1

Geleitwort

Patienten sind mündiger geworden, wollen zu Recht mehr aktiv mitgestalten und mitentscheiden. Der Wunsch, sich wieder „gesund zu essen" ist allerdings mindestens so alt wie es Krankheiten gibt.
Vor dem Hintergrund bahnbrechender Fortschritte auf dem Gebiet der medikamentösen Therapien einer Vielzahl von Erkrankungen ist der Wert besonderer Diätformen als möglicher Wert zur Gesundheit jedoch zunehmend infrage gestellt worden. Dies gilt ganz besonders auch für die Multiple Sklerose. Diese Entwicklung kann man auch etwas mit Bedauern registrieren. Denn für jede chronische Erkrankung hat es von jeher immer einen Katalog so genannter „basistherapeutischer" Maßnahmen gegeben, die sich auf vielfältige Aspekte der Lebensführung bezogen, auch auf Fragen der Ernährung. Hier konnte der Patient engagiert und fantasievoll einen eigenen Beitrag zur Gesundung leisten. Durch die Abwertung der Rolle der allgemeinen „Diätetik" im Rahmen einer therapeutischen Gesamtstrategie wurde jedoch vielfach ein Vakuum hinterlassen, das nicht zuletzt deshalb heute auch zu einem Tummelplatz teilweise recht alternativer Therapieformen geworden ist.
In der täglichen Praxis nehmen Fragen nach dem „richtigen" Essen und Trinken und nach wirksamen „MS-Diäten" seit jeher eine besondere Rolle in der Beratung und Betreuung MS-Betroffener und deren Angehöriger ein. Unstrittig ist, dass noch jede der in der Vergangenheit angepriesenen „MS-Diäten" den Nachweis ihrer verlässlichen Wirksamkeit schuldig bleiben musste. Trotzdem weisen fast alle im Kern durchaus vernünftige Ratschläge auf, die geeignet sind, einzelne Aspekte und Symptome der Erkrankung günstig zu beeinflussen. Vielfach offenbarten Diätratschläge der Vergangenheit eine Vielzahl von Widersprüchen, so dass Patienten, Angehörige, ja sogar Ärzte leicht die Orientierung verlieren konnten.
Mit dem vorliegenden Ernährungsratgeber für MS-Patienten schließt der TRIAS-Verlag daher ein Lücke. Den Autoren sei an dieser Stelle für die kompetente und verständliche Form der Darstellung gedankt, dem Verlag für die ansprechende Aufmachung. Dem Ratgeber sei die gebührende Verbreitung gewünscht.

Prof. Dr. Dietmar Seidel

Einleitung

»Essen und Trinken hält Leib und Seele zusammen.« Schon dieses Sprichwort macht deutlich, dass unsere Ernährung für unsere Befindlichkeit, unsere Stimmung und unser körperliches Leistungsvermögen verantwortlich ist. Und das ist nicht alles: In ausgewogener Zusammensetzung und Menge sorgt die Ernährung für das richtige Funktionieren unserer Organe, für intakte Blutgefäße, ja sogar für die Leistungsfähigkeit unseres Immunsystems. Eine gesunde Ernährung könnte viele Zivilisationskrankheiten verhindern.

Wer an Multipler Sklerose leidet, kennt oft die Probleme der Ernährung: Man nimmt auch dann zu, wenn man „normale Mengen" isst oder sogar weniger zu sich nimmt als Gesunde. Eigentlich sollte man viel trinken, aber dann muss man oft zur Toilette. Durch die verminderte Bewegung wird der Stuhlgang träger ... Außerdem fragt man sich, ob die Ernährung die MS beeinflusst, ob „falsche" Ernährung die MS verschlechtert und „richtige" Ernährung Schübe verhindert oder das Fortschreiten der Behinderung verlangsamt. Man hört oder liest viel darüber, doch die Informationen sind meist verwirrend und sehr oft widersprüchlich.

Dieses Buch soll über die Ernährung bei MS informieren, soll dazu beitragen, dass MS-Betroffene wissen, welche Rolle die Ernährung bei MS hat, wie durch die richtige Nahrungszusammensetzung manche Probleme vermieden oder behandelt werden können. Es werden allgemeine Aspekte der Ernährung verständlich erläutert und MS-spezifische Fragen beantwortet. Ziel der Autoren war es dabei, objektiv und recht umfassend zu informieren.

Das Buch soll eine praktische Hilfe im Alltag sein. Tabellen geben Anhaltswerte über die Inhaltsstoffe verschiedener Nahrungsmittel, viele Tipps helfen, besser mit der Multiplen Sklerose fertig zu werden. Im Rezeptteil werden die theoretischen Erkenntnisse in schmackhafte und gesunde Gerichte umgesetzt.

Wir hoffen, mit dem vorliegenden Buch eine Hilfestellung zur Erreichung des Ziels geben zu können, das uns sehr am Herzen liegt: Gut leben trotz Multipler Sklerose.

Sundern, im Sommer 2003
Gudrun Werner Dieter Pöhlau

Kapitel 1

Die Ernährung

In jedem Alter, ob mit oder ohne Erkrankung, ist die Ernährung ein zentrales Thema des Menschen. Sie hält „Leib und Seele" zusammen, liefert unserem Körper Energie und nebenbei, in entsprechender Gesellschaft, auch geistige Anregung.

Ziele der Ernährung

Der Mensch ist sowohl ein biologisches als auch ein soziales Wesen. So ist die „Freude am Essen", am besten mit Freunden in einer geselligen Runde, eine sichere Quelle für mehr Lebensqualität. Das „biologische Wesen Mensch" muss dagegen durch die Ernährung Stoffe zum Aufbau und zur Erhaltung seines Organismus aufnehmen.
Die Ernährung dient drei Zielen:

1. Zufuhr von Energie.
2. Zufuhr von so genannten „essenziellen" Nahrungsbestandteilen, die der Körper nicht selbst herstellen kann. Dazu zählen zum Beispiel die Vitamine.
3. Zufuhr von Ballaststoffen und Flüssigkeiten.

Zufuhr von Energie

Energie wird zur Aufrechterhaltung aller Lebensvorgänge benötigt. Sie kann durch drei verschiedene Energieträger aufgenommen werden, nämlich durch Kohlenhydrate, Eiweiße und Fette. Diese drei Energielieferanten sollten in der Ernährung in einem ausgewogenen Verhältnis zueinander stehen.

1 Kilokalorie (kcal) entspricht 4,18 Kilojoule (kJ)

Üblicherweise wird der Energiegehalt der Nahrung in Kilokalorien (abgekürzt kcal) oder in Kilojoule (abgekürzt kJ) angegeben. „Kilo" bedeutet dabei „tausend". Ein Kilojoule entspricht also 1 000 Joule. Das Joule ist die internationale Einheit für Energie.

Tab. 1: Biologischer Brennwert verschiedener Nährstoffe

Nährstoff	Energiegehalt pro Gramm ca.	Energiegehalt pro Gramm ca.
Fette	9,3 kcal	40 kJ
Eiweiße	4,1 kcal	17 kJ
Kohlenhydrate	4,1 kcal	17 kJ

Kohlenhydrate

Kohlenhydrate sind chemisch Zucker, in einfacher Form oder in vielfältigen Verbindungen. Diese zum Teil sehr großen Moleküle werden im Mund und Dünndarm durch Enzyme gespalten und dann in den Blutkreislauf aufgenommen. Dem Körper stehen sie somit sehr schnell zur Energiegewinnung zur Verfügung. Kohlenhydrate sind die wichtigsten Energieträger. Es wird empfohlen, 50 bis 70 Prozent aller Kalorien über Kohlenhydrate zuzuführen. Deshalb werden die kohlenhydratreichen Nahrungsmittel auch als „Grundnahrungsmittel" bezeichnet.

Faustregel

Je mehr körperliche Arbeit, umso höher darf der Anteil der Kohlenhydrate in der Nahrung sein. Wer sich aufgrund einer Behinderung weniger bewegen kann und deshalb weniger Energie für die Muskeln benötigt, sollte weniger Kohlenhydrate essen.

Besonders kohlenhydratreich sind: Kartoffeln, Getreideprodukte (Mehl, Brot, Gebäck, Nudeln, Reis), Süßigkeiten und Obst. Empfehlenswert ist es die kohlenhydratreichen Nahrungsmittel auszuwählen, die auch noch ausreichend Ballaststoffe (s. Tab. 8, S. 35) enthalten, also zum Beispiel statt Weißbrot lieber Vollkornbrot einkaufen.

Kohlenhydrate werden unterschiedlich schnell aus dem Darm in den Körper aufgenommen (resorbiert). Vor allem „Haushaltszucker" (Saccharose) wird rasch aufgenommen, auch aus zuckerhaltigen Speisen, Naschereien oder Obstsäften. Der Körper reagiert auf den Anstieg des Blutzuckers mit der schnellen Freisetzung des Hormons Insulin aus der Bauchspeicheldrüse. Dies ist nicht wünschenswert, da Insulin den Zuckerspiegel recht schnell senkt. Es gibt sogar einen überschießenden Effekt, sodass der Blutzuckerspiegel unter den Ausgangswert sinkt und dann hat man wieder Hunger.

Kohlenhydrate, die zu einem sehr schnellen Anstieg des Blutzuckers führen, sind „schlechte" Kohlenhydrate. Vor allem Zucker und zuckerhaltige Lebensmittel (Süßspeisen, Kuchen, Schokolade usw.) enthalten diese „schlechten" Kohlenhydrate. Es sollten deshalb Lebensmittel gewählt werden, aus denen die Kohlenhydrate langsamer freigesetzt

Der glykämische Index

Ob Kohlenhydrate im Körper zu einem langsamen oder eher schnellen Anstieg des Blutzuckerspiegels führen, lässt sich am so genannten glykämischen Index ablesen. Der glykämische Index eines Lebensmittels gibt dessen Blutzuckerwirksamkeit im Vergleich zu Glukose an. Der Wert für Glukose (Traubenzucker) wird dabei auf 100 Prozent festgesetzt.

Die Blutzuckerwirksamkeit der Nahrung beeinflussen:

- der Kohlenhydratgehalt
- der Ballaststoffgehalt
- der Verarbeitungsgrad der Lebensmittel
- die Essgeschwindigkeit
- der Anteil verschiedener Nährstoffe (z. B. Fett- und Proteinanteil)

Bei der Ernährung sollten die Kohlenhydrate bevorzugt werden, die langsam aus dem Darm aufgenommen werden. So kommt es nicht zu überschießender Insulinproduktion, schneller Zuckersenkung und erneutem Hungergefühl. Vereinfacht gesagt sind die Nahrungsmittel vorzuziehen, die einen niedrigeren glykämischen Index haben (als Faustregel gilt: Lebensmittel mit einem glykämischen Index unter 50 sind zu bevorzugen).

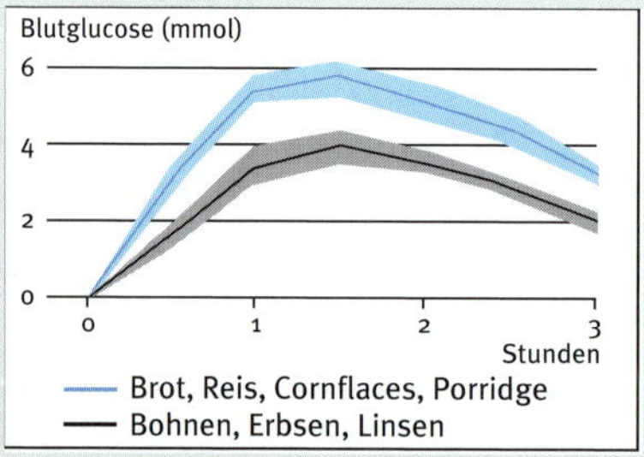

Abb. 1: Der glykämische Index
Nach dem Essen von Hülsenfrüchten (niedriger glykämischer Index) steigt der Blutzucker (Blutglukose) deutlich weniger an als bei Zufuhr der gleichen Menge an Kohlenhydraten aus Brot oder Cornflakes.

Auch die Verarbeitung hat einen Einfluss auf den glykämischen Index: Unerhitztes Getreide hat einen deutlich geringeren glykämischen Index als erhitztes Getreide (beispielsweise Vollkornbrot). Den höchsten glykämischen Index in dieser Reihe haben ausgemahlene Weißmehlprodukte (beispielsweise Brötchen).

Tab. 2: Glykämische Indices verschiedener Nahrungsmittel

Lebensmittel	glykämischer Index	Lebensmittel	glykämischer Index
Malzzucker (z. B. im Bier)	110	Nudeln	55
Glukose (per Definition)	100	Mischbrot	50
Kartoffelchips	95	Vollreis	50
Popcorn	85	grüne Erbsen	50
Haushaltszucker	75	Vollkornnudeln	40
Schokoriegel	70	Vollkornbrot	35
gekochte Kartoffeln	70	Hülsenfrüchte	ca. 35
Graubrot	65	Frisches Obst	30
Bananen	60	Frisches Gemüse	15

werden. Durch sie steigt der Blutzuckerspiegel nur langsam an und es kommt nicht zu einem schnell nachfolgenden Hungergefühl. Zu diesen Lebensmitteln zählen: Misch- oder Kleiebrot, Vollkornbrot, Vollkornnudeln und Naturreis, Hülsenfrüchte, frisches Obst und frisches Gemüse.

Eiweiße

Eiweiße werden im Magen und Darm in ihre Grundbausteine, die Aminosäuren, gespalten, damit sie aufgenommen werden können. Diese werden im Körper zu Energie „verbrannt“ oder in körpereigene Eiweiße, zum Beispiel im Muskelgewebe eingebaut.

Das Nahrungseiweiß liefern die Aminosäuren, die zum Aufbau von körpereigenem Eiweiß benötigt werden. Nur die überschüssigen Aminosäuren werden zur Energiegewinnung herangezogen. Zum Aufbau von Körpereiweiß ist das Nahrungseiweiß nicht durch Fette oder Kohlenhydrate zu ersetzen.

Man kann zwei Sorten von Aminosäuren unterscheiden: Die der menschliche Organismus selbst herstellen kann und die von außen zugeführt werden müssen. Letztere heißen „essenzielle“ Aminosäuren.

Zentralorgan des Eiweißstoffwechsels ist die Leber, sie hält die Menge an freien Aminosäuren im Blut konstant. Liefert die Nahrung viele

Die meisten wichtigen Funktionsmoleküle des Körpers sind Eiweiße

- Enzyme und Hormone
- Immunmoleküle, Blutgerinnungsstoffe
- Transporteiweiße (u. a. für den Fetttransport)
- Speichereiweiße (u. a. für die Eisenspeicherung)
- Struktureiweiße (z. B. Muskeln, Sehnen)

Aminosäuren, werden diese in der Leber abgebaut. Die Deutsche Gesellschaft für Ernährung empfiehlt, jeden Tag ungefähr 0,8 g Eiweiß pro Kilogramm Körpergewicht zu sich zu nehmen. Mit einer ausgeglichenen Vollwertkost ist dies gut zu erreichen. Da tierische Produkte (Fleisch, Fisch, Milchprodukte, Eier) auch Arachidonsäure enthalten (s. Abb. 4, S. 18), ist es sinnvoll, mehr als 60 Prozent der Eiweißzufuhr durch pflanzliches Eiweiß abzudecken. Neben den Hülsenfrüchten (wie Erbsen, Bohnen, Linsen), die eventuell zu Blähungen führen, sind besonders Sojabohnen und daraus hergestellte Produkte (z. B. Tofu) wertvolle Eiweißträger. Auch Vollkorngetreide und Kartoffeln enthalten Eiweiß, die Kartoffeln zwar nur 2 g pro 100 g, aber wegen des hohen Anteils essenzieller Aminosäuren hat dieses Eiweiß eine hohe „biologische Wertigkeit".

Eine Eiweißüberernährung, wie sie zum „Muskelaufbau" bisweilen empfohlen wird, nützt nichts und ist wahrscheinlich schädlich. Auch ist die in allen westlichen Industrieländern verbreitete überhöhte Zufuhr von Nahrungsprotein, durch den hohen Konsum tierischer Nahrungsmittel, als ungünstig anzusehen, da hierbei viel Fett und Cholesterin zugeführt wird.

Fette

Fette sind eine uneinheitliche Gruppe von Nahrungsbestandteilen. Gemeinsam ist ihnen ihre Unlöslichkeit in Wasser. Sie enthalten verschiedene Vitamine, essenzielle Fettsäuren und dienen zur Bildung verschiedener Hormone. Fette sind im Körper die Speicherform von Energie – kein anderer Nahrungsbestandteil enthält soviel Energie pro Gramm. In den Fettdepots des Körpers können allerdings auch unerwünschte fettlösliche Substanzen wie zum Beispiel Pflanzenschutzmittel und Insektizide gespeichert werden.

Von allen Nahrungsbestandteilen haben Fette wahrscheinlich den größten Einfluss auf die Funktionen des Immunsystems und auf die Multiple Sklerose. Erste Untersuchungen zum Einfluss von Nahrungsfetten auf die MS wurden bereits vor 1950 gemacht. Meist hat man in Studien die Anzahl der neu auftretenden MS-Erkrankungen, die so genannte „Inzidenz", mit den Ernährungsgewohnheiten verglichen. Da die Inzidenz der MS in Kriegszeiten zurückging und später mit dem steigenden Fettverbrauch wieder zunahm, wurde ein Zusammenhang zwischen der Fettzufuhr und der MS gesehen. Generell haben „Ölregionen" eine geringere Inzidenz an MS als „Butter-Regionen". Auch in neueren Studien wurde ein Zusammenhang zwischen hohem Fleisch- und Milchkonsum sowie einem geringen Fischkonsum und einer höheren Inzidenz der MS gefunden.

Kalt gepresste Olivenöle haben einen hohen Anteil ungesättigter Fettsäuren.

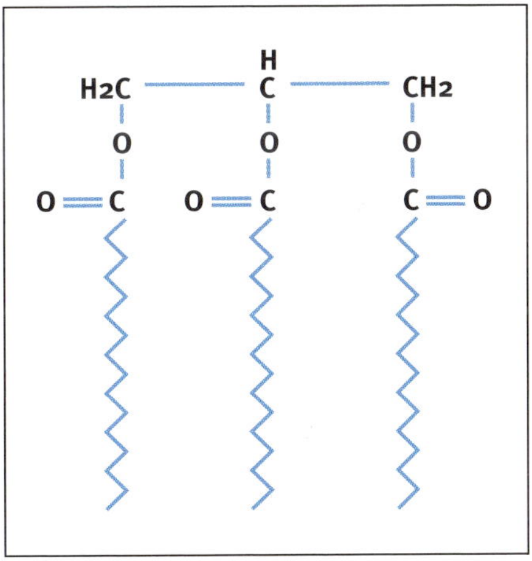

Abb. 2: Trigylcerid: Die drei „Schwänzchen" sind die drei Fettsäuren. Sie sind chemisch an den „Kopf", den Glyzerinrest, gebunden.

Fette im engeren Sinne bestehen aus einem Glyzerinrest, an den drei Fettsäuren chemisch gebunden sind. Die Triglyzeride bestehen vor allem aus Fettsäuren, die gesättigt oder ungesättigt sein können. Ungesättigte Fettsäuren haben mindestens eine oder mehrere chemisch reaktive Stellen, so genannte Doppelbindungen. Sie werden daher als einfach oder mehrfach ungesättigte Fettsäuren bezeichnet.

Wir wollen Sie nicht mit zu viel lebensmittelchemischem Grundwissen belasten, aber um die Diskussion um die Fettsäuren zu verstehen, sind einige weitere Grundlagen nötig. Nach der Stellung der ersten Doppelbindung (bei der Ölsäure beim 9. Kohlenstoffatom) werden die Fettsäuren unterschieden. So gibt es zum Beispiel Ω-3- und Ω-6-Fettsäuren, die bei der MS eine Rolle spielen.

Drei Fettsäuren haben eine Schlüsselfunktion im Körper: Linolsäure, Linolensäure und Arachidonsäure. Linolsäure und Linolensäure sind

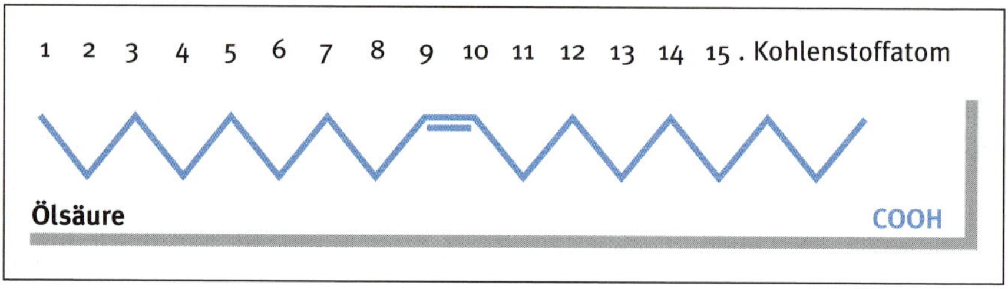

Abb. 3: Die Ölsäure ist eine einfach ungesättigte Fettsäure mit einer Doppelbindung zwischen dem 9. und 10. Kohlenstoffatom, also eine Ω-9-Fettsäure.

mehrfach ungesättigte Fettsäuren, die essenziell sind, also nicht vom Körper produziert werden können und mit der Nahrung aufgenommen werden müssen. Arachidonsäure ist eine mehrfach ungesättigte Fettsäure, die von Menschen und Tieren aus Linolsäure selbst gebildet werden kann. Einfacher für den Körper ist es allerdings, diese mit der (tierischen) Nahrung aufzunehmen.

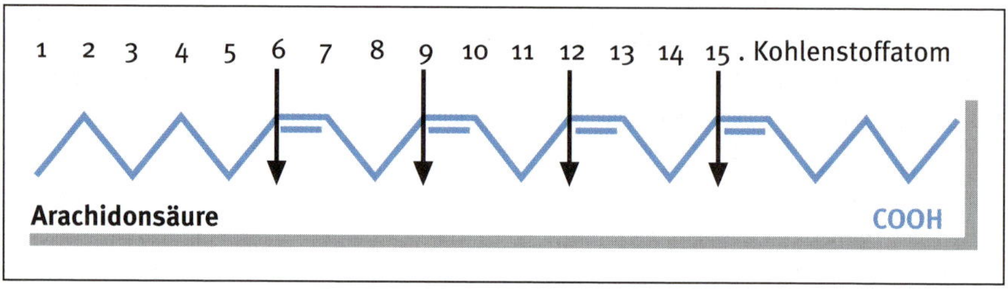

Abb. 4: Da die Arachidonsäure die erste Doppelbindung am 6. Kohlenstoffatom hat, wird sie als Ω-6-Fettsäure bezeichnet.

Tab. 3: Gehalt an Arachidonsäure (in mg / 100 g) von verschiedenen Lebensmitteln

Lebensmittel	Arachidonsäure (mg)	Lebensmittel	Arachidonsäure (mg)
Milch (3,5 % Fett)	4	Huhn (Schlegel)	190
Sahne (30 % Fett)	32	Pute (Schlegel)	150
Butter	83	Kabeljau	3
Eigelb	300	Hering	30
Muskelfleisch:		Forelle	30
Kalb	50	Thunfisch	280
Rind	70	Lachs	300
Schwein	120	Pflanzliche Lebensmittel	0

Besonders reich an Arachidonsäure sind Eigelb, Haut (auch die knusprige Hähnchenhaut!), Fleisch, Innereien und Fisch. Milch und Milchprodukte, vor allem die fettarmen Varianten, sind relativ arm an Arachidonsäure. Pflanzliche Lebensmittel sind frei von Arachidonsäure. Während man mit üblicher Mischkost rund 300 mg Arachidonsäure pro Tag zu sich nimmt, enthält eine vegetarisch orientierte Kost nur etwa 50 mg.

Arachidonsäure ist eine zentrale Vorstufe in der Entwicklung von Entzündungsbotenstoffen (so genannte Prostaglandine und Leukotriene). Je mehr Arachidonsäure vorhanden ist, desto mehr Botenstoffe können gebildet werden. Weniger Arachidonsäure in der Nahrung konnte bei Patienten mit entzündlichen Gelenkerkrankungen (Rheuma) den Krankheitsverlauf positiv beeinflussen. Es ist daher sehr wahrscheinlich, dass auch bei MS eine Verminderung der Arachidonsäure in der Ernährung Nutzen bringt. Die Umwandlung von Linolsäure zu Arachidonsäure ist im Körper zwar möglich, aber sehr unwahrscheinlich und mengenmäßig zu vernachlässigen. Die Bildung der Entzündungsbotenstoffe aus Arachidonsäure kann aber auch durch die Gabe von chemisch anders strukturierten mehrfach ungesättigten Fettsäuren vermindert werden. Besonders die Fettsäuren der Ω-3-Reihe konkurrieren mit den Ω-6-Fettsäuren um die gleichen Enzymsysteme und können sich durch ein größeres Angebot gegenseitig verdrängen. Die Ω-3-Fettsäuren haben die stärkste Affinität (Anziehung) zu diesem Enzymsystem. In der Therapie kommt es jedoch nicht allein auf die vermehrte Zufuhr von Ω-3-Fettsäuren an, sondern vor allem auf die Verbesserung des Verhältnisses von Ω-3- zu Ω-6-Fettsäuren.

Umstritten: Die Rolle der Linolsäure bei MS

Die Umwandlung von Linolsäure in Arachidonsäure findet beim Menschen in begrenztem Ausmaß statt. Es überwiegt die Aufnahme präformierter Arachidonsäure mit der Nahrung. Linolsäurezufuhr verstärkt die Bildung von Arachidonsäure nicht wesentlich, weshalb eine drastische diätetische Einschränkung also nicht nötig ist.

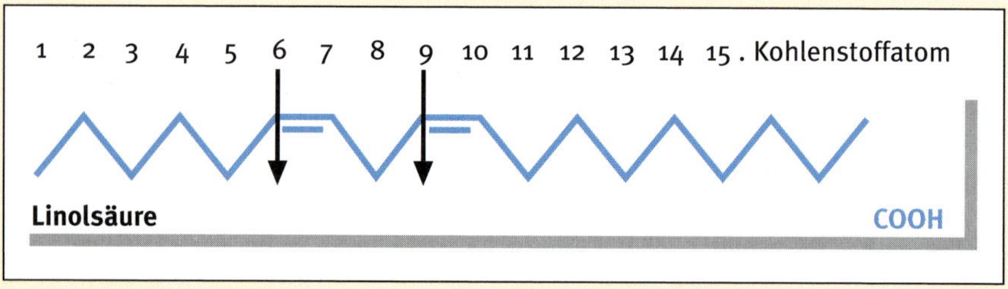

In klinischen Studien wurde untersucht, ob sich mit hohen Linolsäuredosen (bis zu 23 g pro Tag) eine Verminderung von Schubrate und Progression der Behinderung erreichen lässt. Eine Studie zeigte, dass Patienten mit hoch dosierten Linolsäuregaben kürzere und leichtere Schübe hatten, die Schubrate aber nicht verändert war. Zwei weitere Studien belegten ebenfalls einen Nutzen. In einer »Meta-Analyse«, die die Daten aller drei Studien gemeinsam analysierte, kam man zu dem Schluss, dass mit der Linolsäuretherapie die Schubanzahl in der Gruppe der wenig behinderten Patienten verringert werden kann und die Dauer und Schwere der Schübe vermindert werden.

Es gibt Hinweise, dass die in Fischen vorhandenen Ω-3-Fettsäuren einen entzündungshemmenden Effekt haben. Die Enzyme haben eine unterschiedliche Affinität zu Fettsäuren. Am liebsten verarbeiten sie Ω-3 Fettsäuren, dann Ω-6- und zuletzt die Ω-9-Fettsäuren. Ω-3-Fettsäuren konkurrieren daher mit der Arachidonsäure (Ω-6-Fettsäure) um ein Enzym. Wird die Arachidonsäure verarbeitet, entstehen Entzündungsmediatoren, die z. B. die Aktivität von Entzündungszellen steigern. Beim Verarbeiten von Ω-3-Fischölen entstehen Mediatoren, die diesbezüglich weniger aktiv sind und somit entzündungshemmend wirken.

Kontrollierte Doppelblindstudien zur Nahrungsergänzung mit mehrfach ungesättigten Fettsäuren bei Patienten mit Multipler Sklerose

Behandlungsgruppe	Kontrollgruppe	Patienten (Anzahl)	Dauer (Monate)	Ergebnis
30 ml Sonnenblumenöl (mit 8,6 g Linolsäure)/Tag	30 ml Olivenöl/Tag	75	24	Nicht signifikanter Trend zu weniger Schüben und geringerer Progression in der Linolsäuregruppe, Schübe aber signifikant schwächer.
28 g Sonnenblumenöl/Tag (mit 17 g Linolsäure)	28 g Olivenöl/Tag	76	bis zu 30	Kein Unterschied in Schubrate und EDSS. Verbesserung beider Gruppen(!)
Linolsäure: 4 g/Tag oder 23 g/Tag	Ölsäure: 4 g/Tag oder 16 g/Tag	116 (je 29 in 4 Gruppen)		Kein signifikanter Unterschied. Patienten mit hoch dosierter Linolsäure hatten kürzere und weniger schwere Schübe, aber keine verminderte Schubrate.
Zusammenfassende Analyse der drei Studien				Signifikante Reduktion der Schubrate in der Gruppe der wenig behinderten Patienten. Dauer und Schwere der Schübe werden durch Linolsäurebehandlung vermindert.
Fischöl: 3 g/Tag	Olivenöl: 3 g/Tag	312	24	Starker Trend zu geringerer Progression der mit Fischöl behandelten Patienten (p=0,07), tendenziell verringerte Schubrate. Patienten mit EDSS* bis 2,0 (unbehindert) profitierten am meisten.

* Anmerkung: Die 10-stufige so genannte EDSS-Skala bildet die Behinderung bei MS ab: 0=gesund....10=tot.

Tab. 4: Lebensmittel mit sehr hohem Fettanteil

Lebensmittel	Fett (g/100 g)	Lebensmittel	Fett (g/100 g)
Butter	83	Schlagrahm	32
Mayonnaise	80	Käse (60 % Fett i. Tr.)	31
Speck, durchwachsen	65	Blätterteig	25
Erdnüsse	50	Schweinefleisch	2–23
Salami	42	Marzipan	25
Milchschokolade	35		

Das Vorhandensein von Alpha-Linolensäure hemmt den Umbau von Linolsäure. Die Bildung der Arachidonsäure im Körper wird auch noch von der Linolsäurezufuhr beeinflusst: Mehr als 10 g Linolsäure pro Tag bewirken eine verminderte Bildung von Arachindonsäure. Eine besondere Rolle spielt die Eicosapentaensäure. Sie hemmt den Umbau von Linolsäure zu Arachidonsäure und vermindert die Bildung von Entzündungsstoffen aus Arachidonsäure.

Für eine Verschiebung des Gleichgewichts zwischen Ω-6- und Ω-3-Fettsäuren zugunsten entzündungshemmender Wirkungen der Ω-3-Fettsäuren sind wegen der in der Ernährung vorhandenen Ω-6-Fettsäuren im Allgemeinen Mengen von 3g Ω-3-Fettsäuren pro Tag und mehr notwendig. Die entzündungshemmende Wirkung von Fischölfettsäuren lässt sich durch Verminderung der Arachidonsäurezufuhr mit einer pflanzlich orientierten Kost steigern.

Einige pflanzliche Öle (Weizenkeimöl, Leinöl, Sojaöl, Rapsöl) enthalten Ω-3-Fettsäuren. Besonders reich an mehrfach ungesättigten Fettsäuren vom Ω-3-Typ ist Fischöl. Deshalb wurde auch untersucht, ob die zusätzliche Zufuhr von Fischöl einen positiven Effekt auf die MS hat.

In einer Studie fand sich eine Tendenz dazu, dass Patienten, die Fischöl zu sich nahmen, weniger Schübe und eine verlangsamte Progression der Erkrankung hatten. Das Ergebnis war jedoch nicht signifikant. Dies bedeutet, dass es möglich ist, dass die Unterschiede zwischen der Fischölgruppe und der Kontrollgruppe nur zufällig entstanden sind. Am meisten profitierten Patienten, die kaum behindert waren.

Fett

Wichtiges im Überblick

- Tierisches Fett in der Nahrung zu reduzieren ist sinnvoll. Dies ist insbesondere durch vegetarische Kost zu erreichen.
- Fleischmahlzeiten sollten reduziert und durch Fischmahlzeiten ersetzt werden.
- Die Zufuhr von Ω-3-Fettsäuren zum Beispiel durch Leinöl und Fischöle ist sinnvoll.
- Linolsäure: Nicht zu viel und nicht zu wenig, da diese wie jede ungesättigte Fettsäure Vitamin E verbraucht. Ungefähr 12 g pro Tag sind empfehlenswert.

In einer unserer Untersuchungen fanden wir heraus, dass rund 60 Prozent der untersuchten MS-Patienten nicht die Menge an essenziellen Fettsäuren zu sich nehmen, die von der Deutschen Gesellschaft für Ernährung empfohlen werden.

In verschiedenen Studien konnte schon gezeigt werden, dass sich das Fettsäuremuster im Körper durch die Nahrung verändern lässt. Allerdings dauert eine solche Änderung recht lange. Man muss über Wochen und Monate sein Ernährungsverhalten ändern, bis man eine messbare Veränderung der Fettzusammensetzung erreicht hat.

Unter einer vegetarisch orientierten Kost kommt es im Verlauf von Monaten zu einem Absinken der Arachidonsäure im Körper, es dauert also recht lange, bis der Körper die überschüssig zugeführte Arachidonsäure abgebaut hat.

Es spricht vieles dafür, dass eine deutliche Fettreduktion, vor allem eine Reduktion der gesättigten Fettsäuren und der Arachidonsäure einen positiven Einfluss auf den Verlauf der Multiplen Sklerose hat, insbesondere dann, wenn zugleich der Anteil der mehrfach ungesättigten Fettsäuren erhöht wird. Während der Anteil von (potenziell nützlichen) ungesättigten Fetten in der Nahrung meistens zu gering ist, wird in Deutschland aber zu viel Fett gegessen. Die Fette sollten rund 25 bis 30 Prozent der gesamten Energiezufuhr ausmachen. Bei einer Energiezufuhr von rund

2000 kcal wären das dann 55 bis 70 g Fett pro Tag. Von den Ernährungswissenschaftlern wird eine Fettzufuhr von ungefähr 70 bis 80 g pro Tag empfohlen. Die tatsächliche Fettzufuhr des deutschen „Durchschnittsbürgers" liegt jedoch bei durchschnittlich etwa 140 g.

Neben den Fetten, die als solche zu erkennen sind (wie zum Beispiel Butter), enthalten viele Lebensmittel versteckte Fette, wie Tabelle 4 zeigt.

Zufuhr von Vitaminen

Da manche Vitaminmangelzustände (z. B. der Mangel an Vitamin B_{12}) neurologische Ausfälle verursachen können, wurde vermutet, dass auch der MS ein Vitaminmangel zugrunde liegen könnte. Dies hat sich als falsch erwiesen. Die MS ist keine Vitaminmangelkrankheit!

Mit einer vollwertigen Ernährung werden bei normaler Magen- und Darmfunktion ausreichend Vitamine zugeführt. Sehr hohe Mengen fettlöslicher Vitamine (Vitamin A, D, E und K) sind sogar schädlich. Mit der Ernährung ist es allerdings so gut wie unmöglich, zu viel von diesen Vitaminen zu sich zu nehmen. Wer isst schon Eisbärenleber, die sehr viel Vitamin A enthält? Eine dauerhafte Vitaminzufuhr über die Nahrung hinaus (z. B. in Form von Tabletten) ist nur dann wirklich nötig, wenn ein Vitaminmangel vorliegt.

Es gibt jedoch Hinweise, dass bei der MS auch ohne Vitaminmangel die Einnahme von Vitaminen einen Nutzen haben kann. In der letzten Zeit wird insbesondere untersucht, ob Stoffe, die gewisse Entzündungsmoleküle an sich binden können, bei der MS von Nutzen sind. Bei Entzündungen entstehen reaktive Stoffwechselprodukte, so genannte freie Radikale. Diese werden im Körper durch chemische Verbindungen und Prozesse, die Radikalfänger, inaktiviert.

Gehirn und Rückenmark sind einerseits besonders verletzlich für so genannten „oxidativen Stress" durch freie Radikale. Andererseits enthalten sie wenig Radikalfänger. Die Nahrung ist eine wichtige Quelle für Radikalfänger, auch „Antioxidanzien" genannt, wie die Vitamine E und C sowie Carotinoide und Flavonoide. Das antioxidative Potenzial der meisten Obstarten wird nur zu rund 15 Prozent vom Vitamin C bestimmt. So genannte „sekundäre Pflanzenstoffe“ wie Carotinoide und Flavonoide haben wahrscheinlich mengenmäßig und von der antioxidativen Wirksamkeit her eine größere Bedeutung.

Vitamin E, wirkt als „Radikalfänger“

Das fettlösliche Vitamin E wird aus dem Darm zusammen mit Fetten gut aufgenommen. Es schützt Nahrungs- und Körperfett vor der Oxidation. Vor allem durch die Verwendung pflanzlicher Öle (z.B. Weizenkeimöl und Sonnenblumenöl), Saaten, Nüssen und Diätmargarine im Rahmen einer vollwertigen Ernährung wird eine ausreichende Aufnahme von Vitamin E sichergestellt. Der Bedarf an Vitamin E erhöht sich, wenn mehrfach ungesättigte Fettsäuren zugeführt werden.

Tab. 5: Vitamin-E-Gehalt einiger Nahrungsmittel (in mg pro 100 g essbarem Anteil) Da Fette mit einem hohen Anteil ungesättigter Fettsäuren zur Stabilisierung selbst Vitamin E benötigen, ist auch der Netto-Gehalt angegeben, der dem Körper zur Verfügung steht.

Lebensmittel	Vitamin-E-Gehalt	„Nettogehalt an Vitamin E“
Butter	2,2	
Standardmargarine	10	
Diätmargarine	67	
Leinöl	2,1	
Olivenöl	12	
Maiskeimöl	31	0
Färberdistelöl	35	Netto Gehalt ist negativ! (-10)
Sonnenblumenöl	56	+ 19
Weizenkeimöl	215	+ 174
Haselnüsse, Mandeln	26	+ 22/+19
Sonnenblumenkerne	25	
Erdnüsse	9	
Roggenmehl (Type 1150)	1,6	
Roggenkeime	12,6	
Weizenmehl (Type 405)	0,3	
Weizenkeime	8,0	
Erdnüsse	10,3	
Gemüse (die meisten)	unter 1	

Als Nahrungsergänzungsstoff zugeführt, ist Vitamin E in Dosen von 100 bis 400 mg täglich gut verträglich und hat keine Nebenwirkungen. In verschiedenen hochwertigen Ölen ist es schon von Natur aus enthalten, es verhindert deren Oxidation (Ranzigwerden). Auch die Industrie mischt Vitamin E verschiedenen Ölen und Fetten zum Schutz vor Oxidation bei.

Welche Funktion aber hat Vitamin E im Körper? Alle Zellen des Körpers sind von Membranen umgeben. Ein Hauptbestandteil dieser Membranen sind Fettsäureketten. Eine der Hauptfunktionen von Vitamin E wird nun darin gesehen, diese Membranen zu stabilisieren, indem es den Abbau der Fettsäuren verhindert. Es wird in den Membranen verankert und fängt freie Radikale ab, die sonst die Fettsäuren in der Membran angreifen würden. Durch Komplexbildung mit Arachidonsäureresten soll es eine direkte stabilisierende Wirkung auf die Membranen haben. Das Vitamin E wird durch das wasserlösliche Vitamin C wieder regeneriert.

Im Körper gibt es verschiedene Systeme, die antioxidativ wirken. Das Gehirn hat jedoch eine Besonderheit, in ihm sind besonders viele und leicht oxidierbare Fettsäuren enthalten. Auf der anderen Seite ist die antioxidative Kapazität des Gehirns geringer als die des übrigen Körpers.

Der Nutzen einer Vitamin-E-Substitution bei der MS ist nicht formal bewiesen. Es empfiehlt sich eine Vitamin-E-reiche Kost zu sich zu nehmen und gegebenenfalls Vitamin E in geringen Dosen (bis 400 mg pro Tag) zusätzlich einzunehmen. Von der deutschen Gesellschaft für Ernährung wird als Tagesdosis empfohlen: 12 mg Vitamin-E-wirksame Verbindungen für Frauen und 14 mg Vitamin-E-wirksame Verbindungen für Männer. Sehr hohe Dosen von Vitamin E führen wahrscheinlich zur

Tipp

In jeder Apotheke kann man Vitamin C kaufen. Es empfiehlt sich, die pure Ascorbinsäure zu erwerben statt teure Brausetabletten.
Die besten Vitamin-C-Quellen sind Frischobst und Frischgemüse (Paprika, Broccoli, Fenchel, Kohlgemüse, Kartoffeln, Tomaten, schwarze Johannisbeeren, Zitrusfrüchte). Die hierin auch reichlich enthaltenen Flavonoide verstärken die Wirkung des Vitamins.

Tab. 6: Vitamin-C-Gehalt einiger Nahrungsmittel (in mg pro 100 g essbarem Anteil)

Lebensmittel	Vitamin C (mg)	Lebensmittel	Vitamin C (mg)
Hagebutten	1000	sonst. einheim. Obstarten	< 10
Sanddorn	450	Kopfsalat	13
Kiwi	71	Tomate	24
Orange	50	Rettich	27
Zitrone	53	Weißkohl	45
Pampelmuse	44	Spinat	50
Apfel, Pfirsich, Banane	10–12	Paprikaschote	139
Ananas, Heidelbeeren	19–20	Petersilie	165
Himbeeren	20	Kartoffel	17
Mandarinen	25	Kuhmilch	1,7
rote Johannisbeeren	25		

vermehrten Freisetzung von Arachidonsäure und das ist ja bei der MS gerade nicht erwünscht.

Vitamin C (Ascorbinsäure), antioxidativ und wasserlöslich

Vitamin C kann von Pflanzen und den meisten Tierarten gebildet werden. Den Menschen fehlt jedoch ein für die Bildung nötiges Enzym, deshalb müssen wir das Vitamin C mit der Nahrung zu uns nehmen.

Vitamin C, ein wasserlösliches Vitamin, ist in vielen Obst- und Gemüsesorten anzutreffen. Generell ist bei wasserlöslichen Vitaminen die Gefahr der Überdosierung deutlich geringer als bei den fettlöslichen Vitaminen (Vitamine A, D, E und K). Bis zu 1000 mg pro Tag sind nicht schädlich. Bei der Einnahme von sehr hohen Dosen Vitamin C (3 g und mehr pro Tag) wird die Resorption aus dem Darm deutlich schlechter. Während bei normaler Ernährung ca. 80 Prozent des Vitamin C aus dem Darm aufgenommen werden, sinkt diese Quote bei hohen Dosen bis auf 15 Prozent. Außerdem kann es zu Durchfällen kommen. Auch aus anderen Gründen ist von der Zufuhr sehr hoher Dosen Vitamin C abzuraten. Allerdings wurden auch bei bis zu 10 g pro Tag keine Überdosierungszeichen gesehen.

Vitamin C spielt eine Rolle bei vielen Abläufen in unserem Organismus. So ist es beteiligt bei der Synthese von Botenstoffen im Gehirn, bei der

Entgiftung des Körpers durch die Leber und bei der Eisenaufnahme durch den Darm sowie beim Funktionieren von Haut und Schleimhäuten. Die entscheidende Rolle kommt dem Vitamin jedoch als Antioxidans zu. Es kann, wie auch Vitamin E, freie Radikale binden und so unschädlich machen.

Ein nützlicher Nebeneffekt des Vitamin C bei der MS ist der, dass der Urin angesäuert wird. Dies verschlechtert die Lebensbedingung für Bakterien und vermindert so Harnwegsinfekte. Durch die Lagerung und Einwirkung von Luftsauerstoff wird Vitamin C inaktiviert. Wärme beschleunigt diesen Vorgang zusätzlich. Der enzymatische Abbau von Vitamin C erfolgt hauptsächlich bei Temperaturen zwischen 40 und 80 °C. Gemüse sollte man daher entweder roh essen oder bei hohen Temperaturen angaren, damit die abbauenden Enzyme schnell zerstört werden. Auch bei sterilisierten Konserven und tiefgefrorenen Lebensmitteln treten große Lagerungsverluste auf. Beim Kochen wird das Vitamin C inaktiviert und geht zudem in das Kochwasser über.

Carotinoide, eine Vorstufe zum Vitamin A mit antioxidativer Wirkung

Carotinoide, und dazu gehört auch das Betacarotin, sind immer pflanzlichen Ursprungs und fettlöslich. Es gibt in Pflanzen zirka 600 verschiedene Carotinoid-Verbindungen. Die verschiedenen Carotinoide wirken unterschiedlich. So ist z. B. die antioxidative Wirkung von Beta-Carotin deutlich geringer als die von Lycopin, während dies für die Provitamin A-Wirkung genau umgekehrt ist.

Carotinoid-Verbindungen, die in bedeutsamen Mengen in Lebensmitteln nachgewiesen sind

α-Carotin	hitzestabil	in Kürbis und Möhren
ß-Carotin	hitzestabil	in Möhren und dunkelgrünem Blattgemüse
Zeaxanthin	hitzeempfindlich	vor allem in Mais
Lutein	hitzeempfindlich	in Grünkohl, Wirsing, Spinat, Feldsalat
Lycopin	hitzestabil	in Tomaten, Grapefruit, Papaya

Besonders reich an Betacarotin sind Süßkartoffeln, Karotten, Kürbis, Pfirsiche und Aprikosen. Ihre rötliche Farbe verdanken diese Obstsorten dem Carotin. Auch Mangold, Kresse, Dill, Spinat und Petersilie enthalten relativ viel Betacarotin.

Es wird eine tägliche Zufuhr von mindestens 2 mg Betacarotin empfohlen. Die Aufnahme der Carotinoide ist an die Fettverdauung gekoppelt, da die Carotinoide fettlöslich sind. Aus zerkleinerten (auch gut gekauten) oder pürierten Lebensmitteln können diese im Körper besser aufgenommen werden.

Vitamin D steigert die Kalziumresorption aus dem Darm und vermehrt den Kalziumeinbau in den Knochen

Eigentlich ist Vitamin D kein essenzieller Nahrungsbestandteil, denn es muss nicht in jedem Falle von außen zugeführt werden. Wird der Körper der Sonne ausgesetzt, kann er es selbst bilden. Der „Tagesbedarf" wird bei Sonneneinstrahlung auf Hände und Gesicht gebildet. Dafür ist der ultraviolette (UV) Lichtanteil zuständig, der sogar durch Wolken dringt. Also täglich im Freien bewegen oder wenigstens mit dem Rolli ans Licht, das tut auch der Seele und der Stimmung gut. Oft reicht jedoch diese Bildung nicht aus, insbesondere bei Kleinkindern und Menschen, die kaum dem Sonnenlicht ausgesetzt sind.

Vitamin D wird als fettlösliches Vitamin zusammen mit anderen Fetten aus dem Darm aufgenommen. Besonders die fettreichen Arten von Meeresfrüchten enthalten viel Vitamin D, auch in Milchprodukten kommt Vitamin D vor. Leider haben die tierischen Lebensmittel, die sehr viel Vitamin D enthalten, auch viel tierisches Fett, das nicht empfehlenswert ist.

Vitamin D reguliert vor allem den Kalzium- und Phosphathaushalt und ist für den Knochenaufbau und die Aufrechterhaltung der Knochenmasse entscheidend wichtig. Neuere Erkenntnisse sprechen dem Vitamin D auch eine wichtige Funktion bei der Immunregulation zu.

Zufuhr von Ballaststoffen

Ballaststoffe sind unverdauliche pflanzliche Nahrungsbestandteile, die im Darm verbleiben und mit dem Stuhl ausgeschieden werden. Sie sind aber in keiner Weise „sinnloser Ballast", sondern für die Gesundheit, die Darmfunktion und den Stuhlgang äußerst wichtig.

Tab. 7: Kalziumanteil der Nahrung (in mg pro 100 g essbarem Anteil)

Lebensmittel	Kalzium (mg)
Vollmilch, Joghurt, Buttermilch	110–120
Schichtkäse, Frischkäse, Quark	75–95
Romadur (20 % Fett i. Tr.)	450–600
Camembert (30–50 % Fett i.Tr.)	450–600
Schmelzkäse (Vorsicht: enthält auch Phosphate)	450–600
Edamer, Chester, Gouda, Tilsiter	650–800
Spinat (enthält viel Oxalsäure)	125
Broccoli, Fenchel	110
Grünkohl	230
Haferflocken	55
Sesam	785
Haselnüsse, Mandeln	240
Sonnenblumenkerne	100
Milchschokolade (vermeiden, enthält viel Oxalsäure)	215

Die Ballaststoffaufnahme hat in den westlichen Industrieländern seit der Jahrhundertwende stark abgenommen. In Deutschland sank sie von 100 auf etwa 25 g pro Tag. Mit „normaler" Mischkost nimmt man etwa 10 bis 30 g Ballaststoffe zu sich, Vegetarier essen 30 bis 70 g Ballaststoffe pro Tag. Zwei Wissenschaftler (Burkitt und Trowell) haben die „Ballaststoffhypothese" aufgestellt, nach der viele Zivilisationskrankheiten ihren Ursprung in einem zu geringen Ballaststoffgehalt der Nahrung haben. Diese Hypothese konnte inzwischen in vielen Punkten bestätigt werden.

Schon im Mund wird ballaststoffreichere Kost (z.B. Gemüse) länger gekaut, dadurch besser eingespeichelt und zerkleinert. Der Speichelfluss und die mechanische Beanspruchung der Zähne durch das Kauen wirkt sich positiv auf die Zahngesundheit aus. Im Magen kommt es zur verzögerten Entleerung. Zusammen mit dem längeren Kauen führt dies zu einem stärkeren Sättigungsgefühl. Im Dünn- und insbesondere im Dickdarm beschleunigen die Ballaststoffe den Stuhltransport.

Osteoporose

Wenn die Knochen brüchig werden

Bei MS tritt nicht selten eine Minderung der Knochendichte auf, die so genannte Osteoporose. Dies hat mehrere Gründe. Zunächst nimmt die Knochendichte im Laufe des Lebens bei allen Menschen ab, auch bei Gesunden. Der Knochen baut sich umso langsamer ab, je mehr er belastet wird. Je mehr Bewegung, desto geringer der Knochenabbau. Deshalb ist es sinnvoll jeden Tag zu stehen, auch wenn dies nicht mehr aus eigener Kraft möglich ist und nur im Stehbarren. Bei Inaktivität und insbesondere Bettlägerigkeit baut sich der Knochen besonders schnell ab. Auch Kortison verstärkt den Knochenabbau. Deshalb sollten lang dauernde Kortisontherapien bei der MS vermieden werden.

Dem Knochenabbau kann man zusätzlich durch ausreichende Kalziumzufuhr, gegebenenfalls zusammen mit Vitamin D, entgegensteuern. Es wird pro Tag durchschnittlich 1000 bis 1500 mg Kalzium empfohlen. Der Verlust von Knochensubstanz, der durch Inaktivität oder Bettlägerigkeit hervorgerufen wurde, kann aber dadurch nicht aufgehalten werden. Kalzium wird nämlich nur dann in den Knochen eingebaut, wenn die Knochenbildung durch Bewegungsreize angeregt wird.

Manche Inhaltsstoffe von Lebensmitteln können die Kalziumaufnahme verschlechtern. Dies gilt besonders für Oxalate (Spinat, Rhabarber, Kakao, Schokolade) und Phosphate (Cola-Getränke, Limonaden, Wurstwaren, Schmelzkäse). Lebensmittel mit diesen Inhaltsstoffen sollten vermieden oder zumindest deutlich vermindert eingesetzt werden.

Wenn bereits eine Osteoporose aufgetreten ist oder sich eventuell sogar schon Knochenbrüche eingestellt haben, sollte das Kalzium zusätzlich in Form von Brausetabletten eingenommen werden sowie Vitamin D. Oft reicht dies alleine jedoch nicht und der Arzt wird noch weitere Medikamente verordnen, die den Knochenaufbau verbessern und den Knochen auch „härter“ machen. Dies wird insbesondere dann der Fall sein, wenn durch die Osteoporose bereits Rückenschmerzen auftreten.

Gallensäuren werden vermehrt in den Darm ausgeschieden und dort von den Ballaststoffen „festgehalten“. Die freien Gallensäuren können aus dem Darm wieder aufgenommen werden. Ja, Sie haben richtig verstanden: der Körper gibt Gallensäuren in den Darm ab um sie später wieder aufzunehmen. Das nennt man dann Leber-Darm-Kreislauf oder „enterohepatischer“ Kreislauf. Wenn die Gallensäuren aber durch Ballaststoffe im Darm festgehalten werden, können sie nicht wieder aufgenommen werden und werden mit dem Stuhl ausgeschieden. Die Leber muss also die Gallensäuren neu bilden. Dazu benötigt sie den Baustein Cholesterin und somit sinkt der Cholesterinspiegel.

Ballaststoffe vermindern und verlangsamen die Zuckeraufnahme aus dem Darm. Dies wird in der Ernährungstherapie bei Zuckerkrankheit ausgenutzt. Im Dickdarm wird durch die Ballaststoffe das Stuhlvolumen erhöht und der Stuhl bleibt von weicher Konsistenz. Hier können die Ballaststoffe zum Teil durch Bakterien abgebaut werden und es können Gase (z. B. Methan, Kohlendioxid) frei werden. Besonders zu Beginn einer ballaststoffreicheren Ernährung kann es so zu gelegentlichen (lästigen, aber letztendlich harmlosen) Blähungen kommen.

Ballaststoffe und Cholesterinsenkung

Besonders wirksam zur Cholesterinsenkung mittels Ballaststoffen haben sich Haferkleie (nicht Weizenkleie), Bohnen und Pektin erwiesen.

Bei ballaststoffreicher Ernährung normalisiert sich die Zeit, die der Nahrungsbrei im Darm verbleibt, in der Regel vermindert sie sich. Ballaststoffe sind keine Abführmittel, sie haben eine stuhlregulierende Wirkung und können daher sowohl bei Verstopfung wie auch bei Durchfällen eingesetzt werden.

Ballaststoffe und Verstopfung

Naturvölker mit sehr hohem Ballaststoffanteil in der Nahrung kennen keine Verstopfung! Wer täglich Vollkornprodukte, Gemüse und Obst isst, der erreicht die empfohlene Menge von mindestens 30 g Ballaststoffe pro Tag mühelos. Die beste Strategie um Verstopfungen vorzubeugen oder sie zu behandeln: Mehr Flüssigkeit und Ballaststoffe zu sich nehmen.

Tab. 8: Ballaststoffe in Gramm pro 100 g verzehrbarer Nahrung

alle Käsearten	0	Brötchen	3
Eier, Eiprodukte	0	Kornflakes	4
Fette und Öle	0	Früchte-Müsli (trocken)	5
alle Fische	0	Nudeln, Spaghetti	ca. 4
alle Fleischarten	0	Vollkornnudeln	8
alle Fleisch- und Wurstwaren	0	Bohnen (weiße), Erbsen	17
Vollkorngetreide	9–13	Linsen	10
Haferflocken	9,5	Nüsse, Ölsamen	3-9
Mais (Pop-Corn)	10	Kokosraspeln	25
Maismehl	9,2	Gemüse, Salat	2–6
Reis, Naturreis	2,2	Artischocken	11
Reis poliert	1,2	Apfel	2
Roggenmehl (Type 1150)	8	Banane	1,8
Roggenbrot	6,5	Trockenfeigen	13
Speisekleie	47,5	anderes Obst	2–6
Weißbrot	3	Kuchen, süße Backwaren	2–8
Weizenmehl Type 405	4		

Zufuhr von Flüssigkeit

Eine ausreichende Flüssigkeitszufuhr ist wichtig für die Funktion von Niere und Blase. Besonders bei Neigung zu Harnwegsinfekten sollte die tägliche Flüssigkeitszufuhr 2 Liter betragen. Geeignete Durstlöscher sind kalorienfreie oder -arme Getränke wie Mineralwasser, Kräuter- und Früchtetees sowie Saftschorlen. Weniger geeignet sind zuckerreiche Limonaden, Cola-Getränke, Kaffee und Alkohol.

Viele MS-Betroffene trinken zu wenig, um nicht zu oft zur Toilette zu müssen. Da die Blase auch empfindlich reagiert, wenn sie schnell gefüllt wird, ist es besser über den Tag verteilt kleinere Mengen zu trinken als einmal viel. Der häufige Harndrang ist ein zentrales Symptom bei der Multiplen Sklerose und beeinflusst die Lebensqualität oft sehr. Meist kann die Blasenfunktion jedoch medikamentös gebessert werden, es besteht sogar die Möglichkeit für einige Stunden die Urinproduktion medikamentös zu stoppen (beispielsweise um ungestört ein Konzert oder einen Kinobesuch genießen zu können). Bei Blasenproblemen empfiehlt sich der Kontakt zu einem Neurologen, der Erfahrung mit MS-Patienten hat oder einem MS-Zentrum mit entsprechender Erfahrung in der Blasentherapie. Diese werden nötigenfalls den Kontakt zu einem Urologen herstellen.

Zufuhr von Spurenelementen

Zum Funktionieren des Stoffwechsels sind so genannte Spurenelemente wichtig. Alle Spurenelemente in unserem Körper zusammen machen nur ungefähr 10 g aus, sind also nur in Spuren vorhanden, daher ihr Name. Im Folgenden werden einige wichtige Spurenelemente aufgeführt, deren Zufuhr über die Ernährung steuerbar ist, und deren Mangel Schäden in verschiedenen Funktionssystemen des Körpers hervorruft.

Eisen – fehlt oft den Frauen

Der häufigste Mangel an Spurenelementen ist der Eisenmangel bei Frauen. Eisen ist für den Sauerstofftransport im Blut wichtig und findet sich deshalb in jedem Molekül des roten Blutfarbstoffes. Frauen, die im Rahmen der Periode Blut verlieren, sind deshalb besonders gefährdet, einen Eisenmangel zu bekommen.

Menschen mit Eisenmangel sind oft blass, müde, abgeschlagen, reizbar und nervös. Außerdem haben sie auch oft deformierte Nägel und rissige Mundwinkel. Weitere Zeichen können Schleimhautveränderungen, Schwindel und Kopfschmerzen sein. Eisenmangel lässt sich durch Blutuntersuchungen nachweisen. Eine vollwertige Ernährung deckt den Eisenbedarf des Menschen. Die Verfügbarkeit von Eisen aus pflanzlichen Lebensmitteln wird durch das Vitamin C gefördert, durch Schwarztee und Kaffee wird die Eisenaufnahme gehemmt. Wenn kein Eisenmangel vorliegt oder droht, sollten keine Eisenpräparate eingenommen werden, da eine Eisenüberladung des Organismus schädlich ist.

Jod – der Mangel ist vermeidbar

Die einzige zur Zeit bekannte Funktion von Jod ist der Aufbau von Schilddrüsenhormonen, die eine zentrale Rolle im Stoffwechsel spielen. Ohne Jod keine Schilddrüsenhormone.

Täglicher Eisenbedarf

Für erwachsene Männer wird der tägliche Eisenbedarf mit 10 mg angegeben, für Frauen im gebärfähigen Alter mit 15 mg. Dieser Tagesbedarf von 15 mg Eisen ist zum Beispiel enthalten in: 400 g Spinat, 600 g Fenchel, 1000 g Weißmehl, 350 g Vollkornmehl, 200 g Weizenkeimen, 200 g Hülsenfrüchten, 150 g Sesam, 750 g Fleisch, 100 g Schweineleber. Andere eisenhaltige Lebensmittel sind: Säfte (Rote Beete, rote Trauben, schwarze Johannisbeeren).

Deutschland gilt – zumindest in den küstenfernen Landstrichen – als Jodmangelgebiet. Da die Schilddrüse den Grundumsatz und viele Stoffwechselvorgänge beeinflusst, kann ein Jodmangel führen zu: Müdigkeit, Abgeschlagenheit, Störungen der Muskelfunktion, Gewichtszunahme, Kälteempfindlichkeit, trockenem brüchigen Haar und bei Kindern zur Reifungsverlangsamung. Weltweit ist Jodmangel die häufigste Ursache für Störungen der Intelligenzentwicklung und verminderter Intelligenz bei Kindern. Wenn die Schilddrüse zu wenig Jod bekommt, versucht sie durch ein gesteigertes Größenwachstum die Hormonproduktion aufrechtzuerhalten, es entsteht ein „Kropf", medizinisch „Struma" genannt.

Jod kommt in allen Lebensmitteln in Spuren vor, in größeren Mengen jedoch ausschließlich in Produkten aus dem Meer. So enthalten Süßwasserfische ca. 2 µg Jod pro 100 g Fischfleisch, während Seewasserfische wie der Kabeljau 140 µg enthalten (ein µg ist ein Tausendstel Milligramm, also ein Millionstel Gramm).

Die Deutsche Gesellschaft für Ernährung empfiehlt 200 µg Jod pro Tag. Diese Menge ist zum Beispiel enthalten in 48 g Schellfisch, 76 g Seelachs, 100 g Scholle, 160 g Kabeljau, 380 g Hering oder Heilbutt oder in 400 g Thunfisch.

Jod-Mangel?

Mit zwei Seefischmahlzeiten pro Woche ist die Gefahr, an Jodmangel zu leiden, sehr gering. Die sicherste Art, genügend Jod aufzunehmen, ist die Verwendung von jodiertem Speisesalz.

Vor allem frische Meerfische decken den Bedarf an Jod.

Selen – wichtig für den Abbau freier Radikale

Selen ist Bestandteil von Enzymen, die „freie Radikale" entgiften. Zusammen mit anderen Antioxidanzien wie Vitamin C, Vitamin E und Carotinoiden stellen diese Enzyme einen wesentlichen Faktor des körpereigenen Schutzsystems gegen „oxidativen Stress" dar. Außerdem haben sie Funktionen im Immunsystem.

Der Selengehalt pflanzlicher Lebensmittel ist extrem vom Anbauort abhängig. Neben Vollkorngetreide sind Fisch, Sesam und Kokosnuss sowie Sojabohnen und Eier gute Selenlieferanten. Deutschland gehört wie Dänemark und Finnland zu den Selenmangelgebieten, während Nordamerika reichlich mit Selen versorgt ist. Wie hoch der tägliche Bedarf wirklich ist, das lässt sich zurzeit noch nicht endgültig ermitteln. Die Deutsche Gesellschaft für Ernährung gibt als Richtwert 20 bis 100 µg Selen pro Tag an.

Selen hat in sehr hohen Dosen (ab rund 800 bis 1000 µg pro Tag) schädliche Wirkungen. Man kann jedoch davon ausgehen, dass Tagesdosen zwischen 20 µg und 200 µg sicher und nützlich sind.

Zink – nötig für viele Körperfunktionen

Zink ist für viele Reaktionen des Körpers wichtig. Mittlerweile sind alleine mehr als 50 zink-abhängige Enzymreaktionen bekannt. Zink stabilisiert Membranen und organische Strukturen. Die Alkoholdehydrogenase, die für den Alkoholabbau nötig ist, mag das bekannteste zinkabhängige Enzym sein. Zink hat eine Funktion für Wachstums- und Schilddrüsenhormone sowie für die Insulinsynthese und -freisetzung. Eine weitere wichtige Funktion hat es im Immunsystem. In letzter Zeit wird Zink sogar eine gewisse antioxidative Funktion zugesprochen.

Zinkmangel führt bei Kindern zu Wachstumsstörungen, im höheren Alter zu Störungen von Geruchs- und Geschmackssinn, Haarausfall, Hautveränderungen, psychischen Störungen, erhöhter Infektanfälligkeit sowie einer gestörten Wundheilung. Zinkmangel kann bei Darmerkrankungen auftreten. Eine tägliche Zufuhr von 13 mg wird empfohlen.

Die Zinkaufnahme ist aus tierischen Lebensmitteln besser als aus pflanzlichen. Gute tierische Zinkquellen sind: dunkles Muskelfleisch, Fisch und besonders Schalentiere. Pflanzliche Zinkquellen sind Getreidekeimlinge, Haferflocken, Nüsse und Hülsenfrüchte.

Zink in der Nahrung

Der Zinkgehalt im Getreide hängt vom Ausmahlungsgrad ab: Weizenvollkornmehl enthält 4 mg pro 100 g, ausgemahlenes Weizenmehl dagegen nur noch 1 mg pro 100 g. Gemüse und Obst enthalten nur ca. 0,2 mg pro 100 g und spielen für die Zinkversorgung keine Rolle.

Tipps für die Ernährung

Empfehlungen für das Essverhalten

- Ein freundlich gedeckter Tisch, er spricht nicht nur die Augen an, sondern er regt auch die Produktion der Verdauungssäfte an.
- Essen Sie nur, wenn Sie Hunger haben.
- Nehmen Sie sich genügend Zeit zum Essen.
- Vermeiden Sie hastiges Essen (Schlingen) und kauen Sie jeden Bissen gründlich. Warten Sie mit dem nächsten Bissen, bis Sie den ersten hinuntergeschluckt haben.
- Essen Sie mit Genuss.
- Beginnen Sie jede Mahlzeit mit frischem Obst oder einem Frischkost-Salat.
- Essen und trinken Sie weder zu heiß noch zu kalt.
- Beenden Sie die Mahlzeit, wenn Sie ein Sättigungsgefühl empfinden. Unabhängig davon wie viel Sie noch auf dem Teller haben (und wie gut es Ihnen schmeckt).

Gründliches Kauen ist wichtig

- Die Speichelproduktion wird durch das Kauen, aber auch durch verschiedene Geschmacks-, Duft- und Aromastoffe angeregt.
- Durch das längere Kauen und Einspeicheln erfolgt eine Art Vorverdauung im Mund, denn im Speichel befindet sich u. a. ein Kohlenhydrat spaltendes Enzym. Der vermehrt fließende Speichel hat mehr Zeit und eine größere Oberfläche zum Wirken.
- Je besser der Bissen zerkleinert und eingespeichelt wird, umso besser wird er verdaut.
- Es wird eine hohe Sättigungswirkung erzielt. Im gleichen Zeitraum kann weniger Nahrungsenergie aufgenommen werden.
- Durch eine intensive Kauarbeit wird das Zahnfleisch besser durchblutet. Zusätzlich kann der alkalische Speichel während dieser Zeit die überschüssigen Säuren im Mund abpuffern, so dass nebenbei noch die Karies-Gefahr vermindert wird.

Ernährungsempfehlungen bei MS

- Bereiten Sie einfache, aber schmackhafte Mahlzeiten zu. Die Zubereitung aufwändiger Menüs ist nicht nur kraft- und zeitraubend, sondern auch überflüssig.
- Nehmen Sie eine bedarfsgerechte, aber nicht überschüssige Ernährung zu sich.
- Das Erzielen und Halten des „Normalgewichts“ ist wirlich sinnvoll, denn es entlastet Muskeln, Bänder und Gelenke.

- Schränken Sie Ihren Fettverzehr auf rund 50 bis 60 g pro Tag ein, besonders die tierischen und gehärteten Fette. Meiden Sie fette Fleisch- und Wurstwaren, Sahne, Crème fraîche, fetten Käse und Butter und achten Sie auf die verborgenen Fette in Backwaren, Süßspeisen, Schokolade. Verwenden Sie vorzugsweise pflanzliche Öle (ca. 2 EL = 20 g, wenn möglich: Lein-, Walnuss-, Weizenkeim-, Sojaöl) und ungehärtete Diätmargarine (1 EL = 10 g). Die Speisen kochen, backen oder dünsten. Gebratene oder frittierte Speisen enthalten viel Fett.
- Ernähren Sie sich überwiegend von pflanzlicher Kost (evtl. lactovegetarisch), einen Teil davon als unerhitzte Frischkost.
- Bevorzugen Sie Getreide und Getreideprodukte aus Vollkorn in Form von Vollkornbrot, erhitztem Getreide und Frischkornmüsli.
- Verzehren Sie täglich reichlich Gemüse (500 g) als Frischkost oder schonend gegart und Obst (300 g). Das entspricht rund 3,5 kg Gemüse und 2 kg Obst/Woche.
- Nehmen Sie Kartoffeln, Hülsenfrüchte und Sojaprodukte in Ihren Speiseplan auf.
- Bevorzugen Sie fettarme Milchprodukte wie Milch (1,5 % Fett), Buttermilch, Molke, Hüttenkäse, Joghurt (1,5 % Fett), Dickmilch (1,5 % Fett), Speisequark (Magerstufe), Käse (bis zu 30 % Fett i.Tr.).
- Wählen Sie zur Geschmacksverfeinerung Nüsse und Samen sowie frische Kräuter und Gewürze.
- Verzehren Sie täglich etwa 250 g Milch, Milchprodukte und 2 bis 3 Scheiben Käse, wobei Sie den fettarmen Varianten den Vorzug geben sollten.
- Erlauben Sie sich 2 Fischmahlzeiten pro Woche (ca. 125 g pro Portion).
- Betrachten Sie Fleisch nur als gelegentliche Beilage (1- bis 2-mal pro Woche, max. 125 g pro Portion). Meiden Sie Wurst.
- Verzehren Sie nur 1 bis 2 Eier pro Woche. Aufläufe, Süßspeisen und Kuchen können ohne Eier fettarm zubereitet werden und es gibt eifreie Teigwaren.
- Meiden Sie Auszugsmehl, Zucker und Alkohol.
- Achten Sie auf eine ausreichende über den Tag verteilte Flüssigkeitszufuhr (1,5 bis 2 Liter). Es bieten sich an: Mineralwasser, Kräuter- und Früchtetees sowie verdünnte Obst- und Gemüsesäfte.

  (Bitte beachten Sie: Die Mengenangaben sind als Richtwerte anzusehen und nicht als absolute Zahlen!)

Kapitel 2

Die Verdauung

Die Nahrung wird vom Körper:

- verdaut, das heißt in kleine Moleküle aufgespalten,
- resorbiert, das heißt aus dem Darm aufgenommen, und
- verstoffwechselt, das heißt in körpereigene Substanzen umgewandelt oder für die Energiegewinnung eingesetzt.

Lesen Sie hier, wie Sie Ihre Verdauung auf natürliche Weise auf Trab bringen können.

Der Weg der Nahrung

Speisen und Getränke werden im Magen-Darm-Trakt aufgeschlossen, die Inhaltsstoffe aus dem Speisebrei aufgenommen und der unverdauliche Rest wird zusammen mit Stoffen, die in den Darm abgegeben werden, als Stuhlgang ausgeschieden.

Im Mund kommt zu dem Speisebrei Flüssigkeit aus den Speicheldrüsen und ein Enzym, das Kohlenhydrate aufspaltet. Zudem enthält der Speichel Schleim, damit die Speisen besser gleiten und einige weitere Stoffe. Beim Kauen werden die Nahrungsbestandteile zerkleinert und für die Aufspaltung im Magen und Darm vorbereitet. Intensives Kauen erleichtert die Verdauung sehr, denn aus kleineren „Brocken" können die Nährstoffe leichter herausgeholt werden. Gerade dann, wenn die Schluckfunktion vielleicht etwas beeinträchtigt ist, sollten die Speisen besonders gut gekaut werden.

Beim Schlucken wird der Speisebrei willkürlich von Zunge und Mundbodenmuskulatur Richtung Gaumen transportiert. Eine wichtige Rolle spielt der Kehldeckel, der die Luftröhre abschließt. Wenn aus Versehen etwas in die Luftröhre gerät, dann wird ein äußerst unangenehmer und heftiger Hustenreflex ausgelöst, den jeder kennt. Die Speiseröhre ist nicht etwa nur ein Schlauch, durch den die Nahrung in den Magen läuft, sondern es findet ein aktiver Transport des Speisebreis statt durch das Zusammenziehen der Ringmuskulatur. Wie gut dieser Transport funktioniert kann man daran sehen, dass es möglich ist, im Kopfstand (mit Strohhalm) zu trinken.

Nach der Speiseröhre gelangt der Nahrungsbrei in den Magen, der Magensäfte produziert und die Funktion eines Speichers hat. Durch das Zusammenziehen der Magenmuskulatur findet eine sehr intensive Durchmischung des Nahrungsbreis mit Magensaft statt. Die Drüsen der Magenschleimhaut sondern den Magensaft ab. Dieser enthält Enzyme, Säure und Schleim. Die Magensäure tötet Bakterien ab, die automatisch mit der Nahrung aufgenommen wurden und bewirkt, dass das Nahrungseiweiß gerinnt. Durch die Einwirkung der Enzyme beginnt der Eiweißabbau. Die Magenentleerung in den Zwölffingerdarm (auch Duodenum genannt) findet in kleinen Portionen statt. Je nach Zusammensetzung der Speise erfolgt die Weiterleitung vom Magen zum Zwölffingerdarm früher (Obst, Zucker, Getränke) oder später (fetthaltige Speisen).

Der lange Marsch. Speisen und Getränke werden in einem langen Weg durch den Körper in ihre Bestandteile zerlegt, aufgenommen und ausgeschieden.

In den Zwölffingerdarm werden die Sekrete der Bauchspeicheldrüse und der Galle abgegeben. Galle ist für die Fettverdauung nötig. Ein Teil der Gallensäuren, die in den Zwölffingerdarm abgegeben werden, werden in anderen Darmabschnitten wieder aufgenommen. Bauchspeicheldrüsensaft spielt bei der Eiweiß-, Fett- und Kohlenhydratverdauung eine zentrale Rolle. Der Zwölffingerdarm ist der erste Abschnitt des Dünndarms. Hier werden mit Enzymen Fette, Eiweiße und Kohlenhydrate vollständig aufgespalten, damit sie im Dünndarm in die Blut- und Lymphbahn aufgenommen und im Körper verteilt werden können.

Der Dünndarm ist kein Schlauch, sondern durch Darmzotten, die in sein Inneres hineinragen, wird die Oberfläche ganz erheblich vergrößert. Aus dem Dünndarm wird der Speisebrei in den Dickdarm transportiert, wo ihm Wasser entzogen wird. Je länger die Verweildauer im Dickdarm ist, desto mehr Wasser wird entzogen und desto fester wird der Stuhl. Es können dort auch Mineralien und Vitamine aufgenommen werden, allerdings ist die Menge der über den Dickdarm aufgenommenen Substanzen im Vergleich zur Resorption über den Dünndarm sehr gering. Im Dünndarm finden sich meist wenig Bakterien, der Dickdarm hat aber eine nützliche, dichte Bakterienbesiedlung. Durch diese „Darmflora" werden manche Nahrungsbestandteile (z. B. Zellulose) weiter abgebaut.

Im letzten Teil des Dickdarms, dem Mastdarm, sammeln sich die eingedickten, unverdauten Nahrungsreste als Stuhl. Sie werden zusammen mit den Substanzen, die in den Darm abgegeben wurden, ausgeschieden. Der Stuhl besteht normalerweise zu 75 Prozent aus Wasser und zu 25 Prozent aus festen Bestandteilen. Die festen Stuhlbestandteile sind überwiegend Ballaststoffe, jedoch machen auch Bakterien ungefähr 10 bis 30 Prozent davon aus.

Verstopfung – häufiges Problem bei MS

Was ist Verstopfung? Was ist normal? Die oft geäußerte Meinung „einmal pro Tag muss der Mensch müssen", stimmt so nicht. Als Faustregel gilt: Normal ist eine Stuhlgangfrequenz zwischen 3-mal pro Woche und 3-mal pro Tag. Der Stuhl sollte weich, geformt und leicht absetzbar sein.

Im Darm bringt das rhythmische Zusammenziehen der Darmmuskulatur die Peristaltik, den Stuhl voran. Der Stuhldrang wird dann über Rezeptoren im Dickdarm ausgelöst, die den Füllungszustand melden. Wird dem Stuhldrang aktiv widerstanden, wird die Muskulatur von Beckenboden und Schließmuskel angespannt. Wenig Bewegung und vermehrtes Sitzen kann Darmträgheit hervorrufen. Das Zentralnervensystem hat Einfluss auf so gut wie alle Körperfunktionen, auch auf die Darmtätigkeit und die Reflexbogen, die für einen geregelten Stuhlgang nötig sind. Bei der Multiplen Sklerose treten Entzündungsherde im Gehirn und Rückenmark auf, die auch in den Zentren liegen können, die für die Darmsteuerung wichtig sind. Dies ist mit ein Grund dafür, dass bei der MS Stuhlgangprobleme relativ häufig auftreten.

Medikamente, die zur Entspannung der Blasenmuskulatur eingenommen werden, verlangsamen die Darmbewegungen. Auch Schmerzmittel (insbesondere sehr stark wirksame, opiathaltige), einige Antidepressiva sowie verschiedene Herz- und Kreislaufmedikamente können zur Verstopfung führen oder eine bestehende Verstopfung verschlechtern.

Eine nicht ganz seltene, recht MS-spezifische Ursache einer chronischen Verstopfung kann eine dauerhaft erhöhte Anspannung des Schließmuskels sein. Sie tritt meist zusammen mit einer Beckenbodenspastik und

Spastik der Beine auf. Hier kann eine Entspannung des Schließmuskels (durch muskelentspannende Medikamente oder Einspritzen von Botulinum-Toxin in den Schließmuskel) oft Besserung bringen. Bei sehr festem Stuhl oder wenn zum Stuhlgang stark gepresst werden muss, können Hämorrhoiden und Risse in der Schleimhaut des Anus auftreten, die bisweilen recht schmerzhaft sind. In diesen Fällen sollte der Arzt aufgesucht werden. Eventuell ist auch die Behandlung durch einen Spezialisten, einen Proktologen, nötig.

Mit Verstopfung zum Arzt?
Generell sollte bei hartnäckigen Verstopfungen ein Arzt hinzugezogen werden, damit dieser die Ursache abklärt. Besonders dann, wenn der Stuhlgang sehr unregelmäßig ist, oder wenn sich Verstopfung und Durchfälle ablösen. Dies gilt in besonderem Maße, wenn Blutauflagerungen auf dem Stuhl zu sehen sind oder wenn sich das Stuhlgangsverhalten ohne äußeren Grund plötzlich ändert.

Abführmittel

Obwohl die Abführmittel bei gelegentlichem Gebrauch helfen können, ist von einer häufigeren Anwendung abzuraten. Viele dieser Mittel fördern nämlich bei einer Langzeitanwendung sogar die Verstopfung, die sie eigentlich behandeln sollen. Es gibt verschiedene Arten von Abführmitteln. Man kann unterscheiden zwischen: Gleitmitteln und Quellmitteln sowie osmotisch wirksamen Abführmitteln und stimulierenden Mitteln.

Stimulierende Mittel

Die stimulierenden Mittel reizen den Darm und führen dazu, dass sich die Darmmuskulatur häufiger zusammenzieht. Die so genannte Peristaltik des Darmes wird lebhafter. Zudem fördern die stimulierenden Mittel die Wasserfreisetzung in den Darm oder verschlechtern die Aufnahme von Wasser aus dem Darm, wodurch der Stuhl weicher wird. Diese Mittel können im Dünndarm wirken wie zum Beispiel das bekannte Rizinusöl oder aber auch im Dickdarm. Die meisten Abführmittel sind allerdings dickdarmreizende Substanzen.

Arzneimittel oder Nahrungsergänzungsmittel?

Vorsicht bei Substanzen, die bei der MS von Nutzen sein sollen.

Nicht wenige Stoffe werden angeboten, die bei einer MS von Nutzen sein sollen. Dabei ist oft die Grenze zwischen Arzneimittel und Nahrungsergänzungsmittel unscharf. Was ein Arzneimittel ist, das wird in §1 des Arzneimittelgesetzes definiert: »Arzneimittel sind Stoffe und Zubereitungen aus Stoffen, die dazu bestimmt sind, durch Anwendung am oder im menschlichen (...) Körper (...) Krankheiten, Leiden, Körperschäden oder krankhafte Beschwerden zu lindern, zu verhüten oder zu erkennen (...), die Beschaffenheit, den Zustand oder die Funktion des Körpers oder der seelischen Zustände zu beeinflussen.«

Wenn man diese Definition liest, dann wären auch viele als Nahrungsergänzungsmittel angebotenen und frei verkäuflichen Substanzen eigentlich Arzneimittel. In der Tat ist es in der letzten Zeit vermehrt vorgekommen, dass Produkte, die zunächst als Nahrungsergänzungsmittel (z. B. Vitamine, Mineralstoffe, Präparationen von pflanzlichen Wirkstoffen) in den Markt gebracht wurden, von Gerichten als Arzneimittel eingestuft wurden.

Der Begriff „Nahrungsergänzungsmittel" ist nicht gesetzlich definiert.
Was ist der Unterschied zwischen einem Arzneimittel und einem Nahrungsergänzungsmittel?

Arzneimittel unterliegen einem strengen Zulassungsverfahren, Nahrungsergänzungsmittel nicht.

Bevor ein Arzneimittel als „wirksam" und „verträglich" zur Behandlung einer Erkrankung von den Behörden zugelassen wird, muss die Wirksamkeit bewiesen werden. Gerade bei der MS dauert das sehr lange. Sowohl für die beta-Interferone wie für Copolymer-1 oder intravenöse Immunglobuline wurden in Studien über 2 Jahre, in die meist mehrere hundert Patienten eingeschlossen wurden, die Wirksamkeit bezüglich verschiedener Parameter (zum Beispiel Schubrate, Progressionsverlangsamung oder Herde im Kernspintogramm des Kopfes) bewiesen. Dabei wurden so genannte Doppelblindstudien durchgeführt. Das heisst, ein Teil der Patienten erhielt das zu testende Medikament (das „Verum“), ein anderer Teil ein unwirksames Scheinmedikament (das „Placebo“). Nach Ablauf der zwei Studienjahre wurde dann die Verumgruppe mit der Placebogruppe verglichen. Für die oben angegebenen Medikamente konnte gezeigt werden, dass zum Beispiel die Schubrate mathematisch beweisbar („signifikant“) durch die Behandlung mit dem Medikament sinkt.

Eine Studie reicht den Zulassungsbehörden in aller Regel nicht aus, sondern es wird der Wirksamkeitsbeweis in zwei voneinander unabhängigen Studien gefordert, damit ein Medikament zugelassen wird.

Auch die Tatsache, dass ein Medikament wirksam ist, reicht noch nicht für eine Zulassung aus. Neben der Wirksamkeit ist die Arzneimittelsicherheit ein entscheidendes Zulassungskriterium. Deshalb werden in verschiedenen Tierversuchen auch sehr hohe Dosen des Medikaments untersucht.

Man analysiert den Einfluss des Medikaments auf innere Organe, auf schwangere Tiere und auf viele verschiedene Laborparameter. Im Rahmen der klinischen Studien werden alle Nebenwirkungen, sei es im Befinden (z.B. Schwindel, Übelkeit), sei es in Laborparametern oder im körperlichen Zustand der Patienten sehr genau erfasst. Erst wenn Wirksamkeit und Arzneimittelsicherheit bewiesen sind, dann kann ein Medikament zugelassen werden. Diese Untersuchungen dauern ihre Zeit. Diese wichtigen und sehr sinnvollen gesetzlichen Bestimmungen sind auch der Grund, weshalb es oft auch nach den ersten Studien, die Wirksamkeit zeigen, noch viele Monate dauert, bis ein Arzneimittel zugelassen ist.

Jeder medikamentöse Eingriff in ein komplexes System, wie das Immunsystem, birgt die Gefahr in sich, dass bei einzelnen Patienten eine Verschlechterung des körperlichen Zustandes auftritt. Es wurden durchaus Therapien der MS untersucht, bei denen die Verumgruppe, die also das Medikament bekam, nach einiger Zeit in einer schlechteren gesundheitlichen Verfassung war als die Placebogruppe. Selbstverständlich wurden solche Studien sofort abgebrochen, als dies bekannt wurde. Es gibt auch Medikamente, die nur bei einigen wenigen Patienten zu schweren Nebenwirkungen führen, anderen durchaus nützen können, die aber deshalb nicht zugelassen werden können.

Die sehr strenge Prüfung von Arzneimitteln, bevor diese zugelassen werden, dient also dem „Verbraucherschutz". Außerdem kostet es viele Millionen Euro, bis ein Medikament dann endlich die „Marktreife" erreicht hat.

Gerade bei der Multiplen Sklerose, bei der sehr lange und sehr teure Studien durchgeführt werden müssen, kann eine Produktentwicklung schon bis zu 250 Millionen Euro verschlingen, bis ein Medikament in der Apotheke als geprüftes und zugelassenes Produkt zur Verfügung steht. Dies ist auch der Grund für die zum Teil recht hohen Arzneimittelpreise von MS-Medikamenten, da diese immensen Entwicklungskosten ja auch wieder hereingeholt werden müssen.

Am Ende hat man als Patient aber die Sicherheit, bei einem Medikament, das zur Behandlung der MS zugelassen wurde, ein Präparat zu bekommen, das wirksam und sicher ist. Außerdem muss auch nach der Zulassung jede schwere Nebenwirkung an die Behörde gemeldet werden.

Ganz anders ist die Situation bei so genannten Nahrungsergänzungsmitteln:

Nahrungsergänzungsmittel und Lebensmittelzusatzstoffe benötigen keine Zulassung nach dem Arzneimittelgesetz.

Nahrungsergänzungsmittel sind den Lebensmitteln zuzuordnen. Eine gesetzliche Definition gibt es bisher nicht, aber verschiedene Definitionsversuche. Danach sind Nahrungsergänzungsmittel »Lebensmittel, die einen oder mehrere Nahrungsinhaltsstoffe in konzentrierter Form enthalten und eine lebensmiteluntypische Darreichungsform (wie etwa Tablette oder Kapsel) aufweisen«. Der Vitaminzusatz in der empfohlenen Tagesverzehrsmenge soll die dreifache Menge der empfohlenen täglichen Vitaminzufuhr nicht überschreiten (Ausnahme Vitamin A und D, hier sollte die einfache Tagesdosis nicht überschritten werden.)

Eine Abgrenzung Lebensmittel zu Arzneimittel ist oft sehr schwierig. Denn auch Lebensmittel beeinflussen Körperfunktionen, entscheidend sind die Zweckbestimmung und die Verkehrsauffassung. Beispielsweise Gummibärchen: Werden sie zur Vorbeugung/Therapie einer Unterzuckerung eingesetzt, wären sie ein Arzneimittel.

Nahrungsergänzungsmittel benötigen keine Zulassung, damit auch keinen Wirksamkeitsnachweis und keine (teuren) klinischen Studien. Wenn also ein Anbieter von solchen Präparaten behauptet, durch die Einnahme seines Produktes treten weniger Schübe auf oder die Progression wird verlangsamt oder gar gestoppt, dann muss er das nicht beweisen.

Die Werbung für solche Produkte ist oft sehr professionell gemacht und erweckt den Eindruck, dass durch die Einnahme ein großer Nutzen erzielt werden kann. Oft wird sogar ein größerer Nutzen versprochen, als ihn geprüfte MS-Medikamente haben. Echte Studien, die nach den wissenschaftlich anerkannten Regeln die versprochene Wirksamkeit beweisen, fehlen.

Es muss ganz klar gesagt werden, dass es bislang für keinen isolierten Nahrungsinhaltsstoff einen Wirksamkeitsbeweis bei der MS gibt, der den heutigen wissenschaftlichen Kriterien standhält. Deshalb sollte man sich hüten, (viel) Geld für Produkte von zweifelhaftem Nutzen auszugeben. Die Anbieter von solchen Produkten spekulieren auf den Reflex vieler MS-Betroffener, „wenn es vielleicht auch nicht so viel nützt, wie vom Hersteller behauptet, dann schadet es wenigstens nichts und man will ja nichts unversucht lassen“.

Wenn die als unbedenklich bekannten Höchstdosen nicht überschritten werden, mag „nur“ ein finanzieller aber kein körperlicher Schaden eintreten. Allerdings werden bisweilen sehr hohe Dosierungen von verschiedenen Substanzen (z. B. Vitamin E) empfohlen und dabei können sehr wohl schädliche Effekte auftreten.

Zur Vollständigkeit:
Lebensmittelzusatzstoffe

Zusatzstoffe werden nach dem Lebensmittel- und Bedarfsgegenständegesetz (§2) definiert als: "Stoffe, die dazu bestimmt sind, Lebensmittel zur Beeinflussung ihrer Beschaffenheit und zur Erzielung bestimmter Eigenschaften oder Wirkungen zugesetzt zu werden." Zusatzstoffe unterliegen der Zusatzstoff-Zulassungsverordung. Die E-Nummern dienen zur Information der Verbraucher. Beispiele: Farbstoffe (E100-E180), Süßungsmittel (E950-E967), Konservierungsstoffe (E200-E290), Antioxidationsmittel (E300-E321), Emulgatoren (E472-E495), Geliermittel (E406-E410), Backtriebmittel (E541, E500-E504), Geschmacksverstärker(E620-E635).

Manche glauben, dass „pflanzliche Abführmittel“ weniger schädlich sind. Das ist leider nicht der Fall. Diese Medikamente enthalten meist darmreizende Substanzen, die für die Dauertherapie ungeeignet sind. Hierbei wird mit dem Wort „pflanzlich“ Missbrauch betrieben. So wird der (falsche) Eindruck erweckt, dass diese Medikamente unschädlich seien. Die Medizin kennt viele Wirkstoffe aus dem Pflanzenreich. Wirkstoffe aus Pflanzen sind dabei genauso wie die synthetisch hergestellten von sich aus weder gut noch schlecht. Auch sie haben Haupt- und Nebenwirkungen, ob als Tabletten, Würfel oder Tee. Auch der tödliche Knollenblätterpilz ist ja „rein pflanzlich“ und alles andere als gesund ...

Bei längerer Einnahme von schleimhautreizenden Abführmitteln (auch von „pflanzlichen“) kommt es unter anderem zur Verarmung des Körpers an Kalium und anderen Mineralien. Dies hat Darmträgheit zur Folge und dann wird unter Umständen die Dosis des Abführmittels erhöht. So kann ein echter Teufelskreis entstehen. Außerdem werden durch die längerfristige Einnahme oft die Darmschleimhaut und das Nervensystem in den Darmwänden geschädigt, die für den geordneten Transport des Speisebreis und damit auch für den Stuhlgang verantwortlich sind.

Fazit: Eine längerfristige Einnahme von solchen Medikamenten (auch in Form von Würfeln, Tees etc.) ist schädlich. Der behandelnde Arzt oder auch der Apotheker können Sie diesbezüglich beraten.

Gleitmittel

Zu den Gleitmitteln gehören Mineralöle wie zum Beispiel Paraffinöl. Paraffinöl ist unverdaulich, wird kaum aufgenommen und macht den Darminhalt weicher. Da es auch fettlösliche Vitamine bindet, können bei längerer Anwendung Vitaminmängel auftreten. Außerdem stört es die normalen Verdauungsprozesse und kann zu Fremdkörperreaktionen im Bauchraum führen. Fazit: Nicht empfehlenswert.

Osmotische Abführmittel

Diese Abführmittel werden eingeteilt in so genannte „salinische“ Mittel, die auf Salzbasis wirken und in Mittel, die auf der Basis von Zuckern (oder Alkoholen) wirken.

Salinische Abführmittel sind als „Glaubersalz“ und „Bittersalz“ recht bekannt und werden seit Jahrhunderten eingesetzt. Auch manches „darmfreundliche“ Heilwasser enthält in geringer Konzentration eines dieser Abführmittel. Das Wirkprinzip besteht darin, dass durch diese Salze, die nicht in den Körper aufgenommen werden können, Wasser im Darm gebunden wird. So vermehrt sich der Darminhalt und bleibt gleichzeitig weich. Diese Abführmittel werden meist in Wasser aufgelöst und wirken recht zuverlässig. Sie werden auch zur „Darmreinigung“ vor Darmspiegelungen eingesetzt und finden bei Fastenkuren Verwendung. Fazit: Der Langzeitgebrauch ist nicht zu empfehlen. Bei sehr hartem Stuhl im Enddarm können Einläufe oder die rektale Gabe von salinischen Abführmitteln, die in Wasser gelöst sind (z. B. als Mini-Klysma), kurzzeitig sinnvoll sein.

Lactulose (beispielsweise „Bifiteral“) ist ein Zucker, der nicht aufgenommen wird und erst im Dickdarm zum Teil gespalten werden kann. Er führt zur vermehrten Wasseransammlung im Darm ohne dadurch die Schleimhaut direkt zu reizen. Dies macht den Stuhl weicher und führt über eine Volumenzunahme zur Stimulation der Muskulatur des Dickdarms und damit zu einer Vorwärtsbewegung des Darminhalts. In der Regel tritt ungefähr 8 bis 12 Stunden nach der Einnahme der Stuhlgang ein. In sehr seltenen Fällen kann es auch bis zu 3 Tagen dauern. Der bakterielle Abbau der Lactulose im Dickdarm kann zu Gasbildung und Blähungen führen und damit einhergehend auch zu gelegentlich auftretenden Bauchschmerzen.

Quellmittel

Sie sind als Nothilfe und nur für kurze Zeit gedacht. Ein der Lactulose vergleichbares Wirkprinzip sind die so genannten Macrogole (z. B. „Forlax 4000 oder Movicol“). Das sind großmolekulare Substanzen, die Wasser im Dickdarm binden, nicht selbst vom Körper aufgenommen und nicht abgebaut werden. Die Wirkung ist tendenziell besser als die der Lactulose. Die typischen Lactulose-Nebenwirkungen treten nicht auf.

Quellmittel erhöhen das Stuhlvolumen, binden Wasser und führen zu einer verbesserten Vorwärtsbewegung des Stuhls im Darm. Dies sind genau die Wirkungen, die auch durch eine vermehrte Zufuhr von Ballaststoffen zu erzielen sind.

Sonstige Medikamente, die zur Verbesserung der Darmtätigkeit führen

Medikamente, die zur Verbesserung der Darmbewegung führen, so genannte Prokinetika, können in seltenen Fällen und bei einigen Sonderformen der Verstopfung unter ärztlicher Aufsicht eingesetzt werden.

Natürliche Therapie von Stuhlgangsproblemen

Stuhlgangsprobleme können durch richtige Ernährung verhindert und gebessert werden. Bei längerer Verstopfung und wenn über lange Zeit Abführmittel eingenommen wurden wird es Tage oder Wochen dauern, bis sich durch eine Ernährungsumstellung die Darmfunktion normalisiert hat. Die Umstellung erfordert Geduld. Die Vorstellung, man könne sich „vergiften", wenn der Stuhlgang einige Tage ausbleibt, ist falsch.

Beim Übergang von darmreizenden Abführmitteln auf eine ballaststoffreiche Ernährung können kurzzeitig auch Quellmittel (Weizenkleie, Haferkleie, Leinsamen, indischer Flohsamen) eingesetzt werden. Dazu muss dann allerdings viel getrunken werden, sonst kann die Verstopfung sogar verstärkt werden.

Bei der Ernährungsumstellung ist eine vermehrte Zufuhr von Ballaststoffen entscheidend. Eine ballaststoffreiche Diät (Vollkornprodukte,

Körperliche Bewegung regt den Darm an.

Gemüse, Obst) führt zur Verkürzung der Passagezeit im Magen-Darm-Trakt, zum erhöhten Stuhlgewicht und zur weicheren Stuhlkonsistenz und kann damit Verstopfungen vorbeugen oder diese behandeln.

Körperliche Bewegung, mehrere warme Mahlzeiten am Tag und viel Trinken bringt den Darm zum normalen Arbeiten. Auch wer im Rollstuhl sitzt, sollte mehrmals am Tag z.B. im Freistehbarren stehen. Das reduziert den Knochenabbau, bessert Darmfunktion und Kreislaufregulation.

Tipp

Kleine Tipps für die stuhlgangsfördernde Lebensweise

- viele Vollkornprodukte
- viel Obst und Gemüse
- zusätzlich eingeweichtes Trockenobst (besonders Pflaumen und Feigen)
- milchsaure Lebensmittel (Sauerkraut, Sauerkrautsaft, Joghurt...)
- viel Flüssigkeit (1,5 bis 2 Liter pro Tag)
- fester Mahlzeitenrhythmus
- mehrere warme Mahlzeiten pro Tag
- wenig Fleisch, Fette, Weißmehlprodukte, Zucker
- keine einengende Kleidung
- keine einengende Körperhaltung
- regelmäßiges Essen in Ruhe
- Stuhldrang nie unterdrücken
- Stuhlentleerung zu regelmäßigen Zeiten erlernen

- Dickdarmmassage:
  Kreisförmiges Massieren der Bauchdecke von rechts unten nach rechts oben, dann nach links oben und links unten (Bewegung im Uhrzeigersinn). Sie folgt damit dem Verlauf des Dickdarms. Dabei sollte gleichmäßig ein- und ausgeatmet werden. Die Atmung „in den Bauch“ unterstützt diese Massage. Am besten wird die Dickdarmmassage vor dem Aufstehen am Morgen durchgeführt, gut 10 Minuten lang.

Kapitel 3

Körpergewicht und Gewichtsreduktion

Viele MS-Betroffene „kämpfen mit den Pfunden". Trotz aller Disziplin gelingt es ihnen aber oft nicht, abzunehmen. Hier erfahren Sie, wie Sie auf schonende und natürliche Weise abnehmen und Ihr Gewicht dann halten können.

Das Körpergewicht

Wenn die körperliche Leistungsfähigkeit eingeschränkt ist, dann benötigt der Körper weniger Energie. Wenn man dann allerdings seine Ernährungsgewohnheiten und Nahrungsmengen nicht umstellt, so nimmt man zu, da der Körper die überschüssige Energie in Form von Fett speichert. Auch das Abnehmen ist bei eingeschränkter Muskelaktivität schwer, da ja weniger Energie verbraucht wird. Jemand der weniger

Energieverbrauch und Grundumsatz

Auch in Ruhe, zum Beispiel beim Schlafen, verbrauchen wir Energie – für Atmung, Herzmuskel und Gehirn sowie für Nierenfunktionen und Stoffwechsel. Diese Energiemenge nennt man Grundumsatz. Bei körperlicher Leistung wird mehr Energie, vor allem in den Muskeln verbraucht, es findet ein Leistungszuwachs statt. Wenn man sich weniger bewegt oder bewegen kann, wird weniger Energie verbraucht. Ohne besondere körperliche Betätigung verbrauchen Gesunde zwischen 2000 und 2500 kcal pro Tag. Auch die Aufspaltung der Nahrung verbraucht zunächst Energie, besonders hoch ist dieser Energiebedarf bei den Eiweißen.
Der Gesamtenergieverbrauch setzt sich zusammen aus:

• Grundumsatz	60–75 %
• Körperliche Aktivität	15–30 %
• Energieverbrauch durch Nahrungsaufspaltung und Wärmegewinnung aus Nahrung	6–10 %
• Sonstiges	2-–7 %

Den größten Anteil am Energieverbrauch hat also der Grundumsatz. Wird dem Körper durch Nahrung mehr Energie zugeführt als er benötigt, dann wird die überschüssige Energie vor allem in Form von Fett gespeichert.
Menschen mit einer größeren Muskelmasse haben einen höheren Energiebedarf. Der Energieanteil, der im Muskel bei jeder Bewegung »verbrannt« wird, ist bei jemandem, der sich weniger bewegen kann, deutlich vermindert. Wer also trotz verminderter Beweglichkeit seine Ernährungsgewohnheiten nicht ändert und weniger Kalorien zu sich nimmt, wird in aller Regel zunehmen.

mobil ist und deshalb wenig Energie über die Muskeln verbraucht, der kann daher auch bei einer normalen Kalorienzufuhr durchaus noch zunehmen. Zusätzlich zum Gewicht hat dann mancher noch ein schlechtes Gewissen ...

Was tun? Zunächst: Alle Versuche, innerhalb kurzer Zeit Gewicht zu verlieren, sind fast immer zum Scheitern verurteilt. Eine extreme, sehr stark energiereduzierte Diät führt dazu, dass der Körper versucht den Energieverbrauch einzuschränken.

Bedeutung des Körpergewichts

Ein normales Körpergewicht zu haben ist wünschenswert. Ein zu hohes Gewicht vermindert meist das Wohlbefinden, belastet Gelenke und Bänder und führt schneller zu Erschöpfung. Da die schnelle Erschöpfbarkeit, auch „Fatigue“ genannt, die Aktivität der allermeisten MS-Betroffenen einschränkt, sollte man versuchen, die Gesamtbelastung von Herz-Kreislauf und Muskeln durch ein normales Körpergewicht gering zu halten.

Ein hohes Körpergewicht ist ein Risikofaktor für Herz- und Kreislaufkrankheiten (Herzinfarkte, Schlaganfälle), für Bluthochdruck, Gallensteine, erhöhte Cholesterinwerte und die Entstehung der Zuckerkrankheit (Diabetes). Besonders „Bauchtypen“ sind gefährdet. Wer das überschüssige Fett sozusagen gleichmäßig am ganzen Körper verteilt, dessen Risiko für Gefäßerkrankungen ist geringer.

Mehr als ein Drittel aller Deutschen ist übergewichtig. Die Kosten für ernährungsabhängige Erkrankungen werden mit 50 bis 80 Milliarden Mark pro Jahr angegeben. Zur Beurteilung ob und wie viel Übergewicht jemand hat, wird heute ein recht einfach zu ermittelndes Maß, der so genannte „Body Mass Index“ herangezogen.

Body Mass Index (BMI)

BMI = Gewicht in kg / (Körpergröße in Metern)^2
Rechenbeispiel: Wenn jemand 80 kg wiegt und 1,70 Meter groß ist, dann hat er einen BMI von 80 / (1,70 * 1,70) = 80 / 2,89= 27,68

Tab. 9: Einteilung des Übergewichts

	BMI Frauen	BMI Männer
Untergewicht	unter 19	unter 20
Normalgewicht	19 – 23,9	20 – 24,9
leichtes Übergewicht („Adipositas Grad I“)	24 – 29,9	25 – 29,9
deutliches Übergewicht („Adipositas Grad II“)	30 – 39,9	30 – 39,9
Fettsucht („Adipositas Grad III“)	über 40	über 40

Möglichkeiten der Gewichtsreduktion

Es führt kein Weg daran vorbei, wer dauerhaft abnehmen will, muss seine Ernährungsgewohnheiten ändern und wenn möglich seine körperlichen Aktivitäten erhöhen. Das heißt: Der Energieverbrauch muss gesteigert und die Energiezufuhr vermindert werden.

Alle Diäten, die kurzfristig durchgehalten werden und nicht zur langfristigen Umstellung der Ernährungsgewohnheiten führen, versagen erfahrungsgemäß. Wer wirklich abnehmen will, der soll sich dabei Zeit lassen. Eine Gewichtsabnahme von 1 bis 2 kg pro Monat ist in Ordnung.

Die Einnahme von Medikamenten, die den Grundumsatz steigern (Aufputschmittel oder gar Schilddrüsenhormone), kann lebensgefährlich sein und zu Herz- und Lungenschäden führen.

Energiereduzierte Mischkost

Das Prinzip entspricht dem bekannten „FDH“ (friss die Hälfte). Die Kalorienmenge wird reduziert, der Körper holt sich die fehlenden Kalorien aus dem Fettgewebe, das Fett wird abgebaut und das Gewicht vermindert. Ganz freiwillig baut der Körper die Fettreserven allerdings nicht ab. Öfter stellen sich Hungergefühl, Reizbarkeit und Verstimmungen ein. Hat man jedoch einige Monate durchgehalten, dann hat man die Chance, auch 10 und mehr Kilos abzubauen. „Schlechte“ Kohlenhydrate wie Zucker, Weißmehl und Fette sollte man meiden, den Anteil an Gemüse, Obst, Vollkornprodukten und Ballaststoffen erhöhen und körperlich aktiv sein.

Diese Art der Gewichtsreduktion ist die natürlichste und sinnvollste. Das meist vorhandene leichte Hungergefühl macht diese „gesunde" Art des Abnehmens allerdings nicht einfach. Einige Tricks gegen den Hunger finden Sie auf Seite 62.

Nulldiäten oder totales Fasten

Von Nulldiäten und drastischen Abmagerungskuren ist abzuraten. Diese führen nur dazu, dass der Körper „auf Sparflamme schaltet" und den Grundumsatz deutlich vermindert. Man kann zwar recht schnell abnehmen (wenn man durchhält), aber der Erfolg ist meist von kurzer Dauer. Nach der „Kur" nimmt man sehr schnell wieder zu und hat meist einige Zeit nach der Diät ein höheres Körpergewicht als zuvor. Der reduzierte Grundumsatz hält auch nach der Diät noch an und der Körper verbraucht weniger Kalorien als vorher. Wird die Kalorienzufuhr dann wieder auf das alte Maß gesteigert, nimmt man zu. Dieses Auf und Ab des Körpergewichts wird als „JoJo-Effekt" bezeichnet. Zusätzlich zum Übergewicht kommt dann der Frust versagt zu haben.

Da der Körper einen Minimalbedarf an Eiweißen (Proteinen) hat, wird während einer länger andauernden „Nulldiät" Eiweiß aus dem Muskel mobilisiert. Abbau von Muskelmasse ist aber gerade bei der MS zu vermeiden. Deshalb ist von Nulldiäten abzuraten.

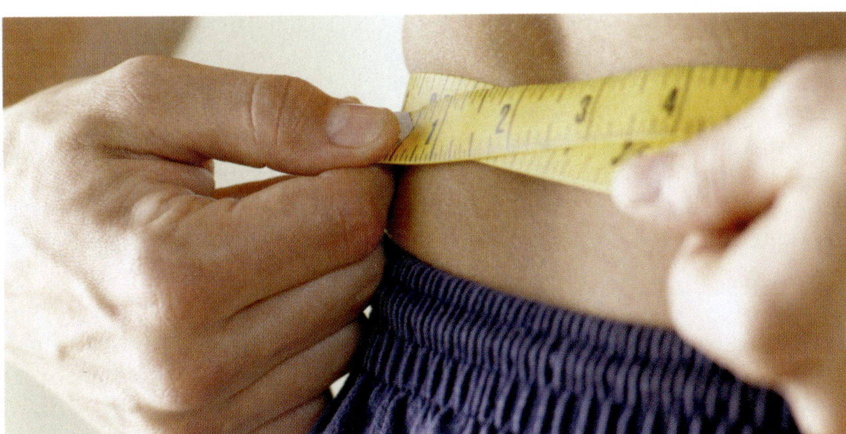

Bei MS ist von muskelabbauenden Diäten unbedingt abzuraten.

Modifiziertes Fasten

Diese Art des Fastens (z. B. Modifast), die zur schnellen, leider oft nur vorübergehenden Gewichtsreduktion führt, wurde entwickelt, um den Eiweißabbau beim radikalen Fasten zu vermeiden oder zu vermindern. Täglich werden dabei 400 bis 600 kcal Energie zugeführt, meist in Form eiweißhaltiger Getränke, die auch Zucker enthalten, um eine Unterzuckerung zu vermeiden. Auch hier tritt oft ein „Jojo-Effekt" auf wie bei den Nulldiäten und das Gewicht wird schnell wieder aufgebaut.

Fettreduzierte Lebensmittel

Vieles, was etwas fetter zubereitet wird, schmeckt intensiver und besser. Das liegt daran, dass viele Geschmacksstoffe fettlöslich sind. Der Schuss Sahne in die Soße bringt dann die Geschmacksstoffe besser zur Geltung. Über Sahne, die zum Großteil aus Fett besteht, bemerkte ein frustrierter Esser: „eine Minute im Mund, eine Stunde im Magen und ein Jahr auf den Rippen..."

Torte, Eis, Schokolade... vieles was gut schmeckt enthält Fett. Gerade die Kombination „Fett plus Zucker" lässt die Fettpölsterchen schnell wachsen, da die Fettaufnahme durch Insulin verbessert wird und Insulin schüttet der Körper dann aus, wenn der Blutzuckerspiegel steigt. Sie erinnern sich, der Blutzuckerspiegel steigt besonders schnell an bei Kohlenhydraten mit hohem glykämischen Index (s. S. 15).

Die Industrie bietet fettreduzierte Lebensmittel an. Allerdings sind diese Produkte beim Verbraucher oft wenig beliebt, da sie die beliebte „Cremigkeit" vermissen lassen. Trotzdem sollte man ihnen den Vorzug geben (fettreduzierte Milch, Joghurt etc.).

Austausch von Nahrungsfetten durch nicht resorbierbare Fettersatzstoffe

Es klingt wie im Märchenland: fett essen ohne dabei zuzunehmen. Ungestraft Kartoffelchips, Kracker und andere Snacks zu sich nehmen. Wie? Nun, es wurden fettähnliche Stoffe entwickelt, die genauso schmecken, aber nicht aus dem Darm aufgenommen werden können. Deshalb kann man davon auch nicht dicker werden.

Die Fettersatzstoffe sollen besonders bei industriell hergestellten Lebensmitteln eingesetzt werden, die viel Fett enthalten. Zurzeit sind sie noch nicht erhältlich, die Zulassung als Lebensmittelzusatzstoff ist aber beantragt. Selbstverständlich müssen später Lebensmittel, die solche Stoffe enthalten, gekennzeichnet werden.

In diesen Ersatzstoffen lösen sich aber nicht nur Geschmacksstoffe, sondern auch fettlösliche Vitamine und andere wichtige Nahrungsbestandteile, die dann im Darm nicht aufgenommen werden können.

Zurzeit kann von Lebensmitteln mit solchen „Fettaustauschern“ nur abgeraten werden. Zudem enthalten die fetthaltigen „Naschmittel“ oft auch Kohlenhydrate mit hohem glykämischen Index, die gut aus dem Darm aufgenommen werden können.

Verminderung der Fettaufnahme durch Medikamente?

In den Medien wurde die „Anti-Fett-Pille“ mit dem Wirkstoff Orlistat („Xenical“) fast euphorisch begrüßt. Dieses Medikament, das selbst kaum resorbiert wird, hemmt fettspaltende Enzyme (die Lipasen) im Verdauungstrakt, vor allem im Dünndarm und vermindert so die Fettaufnahme um rund ein Drittel. Das nicht aufgenommene Fett wird mit dem Stuhl ausgeschieden.

Das Medikament wird zum Abnehmen nur im Zusammenhang mit einer Diät empfohlen. Im Rahmen einer Studie erzielten 68 Prozent der Patienten mit kalorienreduzierter Diät und Orlistat eine Gewichtsreduktion um mehr als 5 Prozent des Ausgangsgewichts. Allerdings nahmen in dieser Studie auch 49 Prozent der übergewichtigen Patienten ab, die sich nur kalorienreduziert ernährten. Es geht also auch ohne.

Orlistat hat zudem Nebenwirkungen wie Bauchschmerzen, Stuhldrang und Blähungen mit Stuhlabgang. Etwa 8 Prozent der übergewichtigen, ansonsten aber gesunden Personen, die Orlistat einnahmen, konnten den Stuhlgang nicht mehr halten, sie wurden inkontinent. Im Darm finden sehr viele Immunreaktionen statt, der Einfluss von Orlistat auf diese ist noch unerforscht. Da allerdings zudem der Spiegel an fettlöslichen Vitaminen bei dieser Therapie sinkt, kann man MS-Betroffenen zurzeit nur von diesem Medikament abraten.

TIPP

Das Sättigungsgefühl

Hunger entsteht im Gehirn, genauer im Hypothalamus, einer kleinen Hirnregion, die für viele Steuerungsfunktionen wichtig ist. Verschiedene Botenstoffe beinflussen das Hungergefühl. Ein Überträgerstoff, der Neurotransmitter Serotonin, spielt dabei eine wichtige Rolle.

Ob man sich satt fühlt, hängt nicht allein vom Energiegehalt der Nahrung ab. Nach einer kalorienarmen Mahlzeit kann man genauso satt sein wie nach einer kalorienreichen. Das Sättigungsgefühl nach der Aufnahme von Stärke in ballaststoffreichen Lebensmitteln hält bis zu 6 Stunden an, während Zucker mit hohem glykämischen Index (s. S. 15), also „schlechte" Zucker wie Haushaltszucker oder Traubenzucker, nur für rund eine Stunde ein Sättigungsgefühl vermitteln.

Wenn man ballaststoffreiche Kost zu sich nimmt, verlängert sich die Zeit des Essens, man nimmt mehr Volumen zu sich, was auch zur schnelleren Sättigung führt.
Fette wirken nicht zu Beginn einer Mahlzeit sättigend, sondern erst durch die langen Verweilzeiten im Magen, dann allerdings hält das Sättigungsgefühl recht lange an.

Tipps „zum Satt werden"

- kalorienfreie Getränke wie Mineralwasser, Tee füllen den Magen
- Salat als Vorspeise lässt Hungergefühle verschwinden, bevor die energiereichere Hauptspeise aufgetragen wird
- mit ballaststoffreicher Ernährung füllt man den Magen
- lange kauen
- nur zu festen Zeiten, „am Tisch" und in Ruhe essen
- kein „Naschen" zwischendurch
- Zucker vermeiden oder zumindest vermindern

Die Aufnahme und Ausscheidung von Substanzen über den Darm findet in einem sehr gut geregelten Prozess statt. Warum also sollte man sich Risiken aussetzen oder welche eingehen, wenn sich das Ziel der Gewichtsreduktion oder des Gewichtserhalts auch anders, nämlich natürlich erreichen lässt?

Medikamentöse Verstärkung des Sättigungsgefühls?

Sibutramin („Reductil“) ist ein Medikament, das im Hypothalamus das Sättigungsgefühl verstärkt und zur Verminderung der Nahrungsaufnahme führt. Den besten Erfolg hatten Programme, bei denen Sibutramin, eine Diät und ein verhaltenstherapeutisches Programm zur Gewichtsreduktion eingesetzt wurden. Nach Abschluss der medikamentösen Therapie kommt es aber meist zur erneuten Gewichtszunahme. Zudem hat Sibutramin Nebenwirkungen auf das Herz-Kreislauf-System, Herzfrequenz und Blutdruck steigen an. Ein Einfluss auf die MS ist jedoch noch nicht untersucht.

Zu bedenken ist, dass zwei Substanzen, die als Appetitzügler seit schon 35 beziehungsweise 12 Jahren auf dem Markt waren (Fenfluramin und Dexfenfluramin), 1997 wegen möglicher schwerer Nebenwirkungen seitens des Herzens und des Nervensystems weltweit vom Markt genommen wurden. Zum jetzigen Zeitpunkt kann vom Einsatz dieses Medikaments (Sibutramin) bei der MS nur abgeraten werden.

Körperliche Aktivität, Bewegung, Sport

Gerade bei der Multiplen Sklerose ist es wichtig, täglich ein gewisses Maß an Gymnastik und Bewegung einzuhalten. So bleiben Muskeln, Bänder und Gewebe elastisch und geschmeidig. Körperliche Aktivität, in Maßen und ohne Überanstrengung betrieben, verursacht wahrscheinlich nützliche Immunveränderungen und steigert das Wohlbefinden und die

Tab. 10: Energieverbrauch bei verschiedenen Tätigkeiten (die Werte sind Näherungswerte und wurden an Gesunden erhoben)

Tätigkeit	Kalorienverbrauch
Liegen, Auto fahren	1 kcal pro Minute
Stehen, Bügeln	1,2 kcal pro Minute
Gehen, Einkaufen, Tischtennis	2,5 – 5 kcal pro Minute
Laufen, Tanzen, Fahrrad fahren	5,0 – 8 kcal pro Minute
Bergwandern, Schwimmen, Basketball, Fußball	7,5 – 10 kcal pro Minute
Rennen, alpines Klettern	10 – 12,5 kcal pro Minute

Zufriedenheit. „Wer rastet – der rostet", dies gilt auch für MS-Betroffene. Auch das Herz-Kreislauf-System braucht Training um fit zu bleiben.

Es ist sinnvoll, zusammen mit den Krankengymnasten Übungen zu erlernen, die täglich zu Hause durchgeführt werden können. Sport verbessert die Aufnahme von Blutzucker in verschiedene Gewebe. Allerdings kann man durch Bewegung alleine kaum abnehmen, denn durch pure körperliche Tätigkeit wird relativ wenig Energie zusätzlich verbraucht.

Schokolade und Fahrrad fahren

Eine Tafel Schokolade (100 g) hat ca. 530 kcal. Um diese Menge an Energie abzubauen müsste man:

- 3 Stunden spazieren gehen oder
- 1 Stunde und 40 Minuten schwimmen oder
- 1 Stunde und 20 Minuten Fahrrad fahren oder
- 45 Minuten joggen.

Diäten mit Veränderungen der Nährstoffzusammensetzung

Insbesondere die kohlenhydratarme, relativ fettreiche Diät hat sich bewährt, wenn es nur darum geht, relativ schnell Gewicht zu verlieren. Bekannt wurden diese Diäten unter dem Namen „Atkins-Diät" oder „Punkte-Diät". Man darf dabei praktisch so viel Fett und Eiweiß essen wie man möchte, der Kohlenhydratanteil der Nahrung wird aber sehr stark reduziert.

Diäten mit einem relativ hohen Fett- und einem geringen Kohlenhydratanteil haben einen guten Sättigungseffekt. Folglich ist das Durchhaltevermögen besser, als wenn nur die Kalorien reduziert werden. Allerdings ist eine vermehrte Fettzufuhr, insbesondere von tierischen Fetten, bei der Multiplen Sklerose nicht wünschenswert. Zudem steigt der Cholesterinspiegel, was nicht gut für die Blutgefäße ist und durch zu viel Fleisch steigt auch der Harnsäurespiegel im Blut, was dann zu Gichtanfällen führen kann. Da diese Ernährung ballaststoffarm ist, gibt es auch leicht Verstopfungen. Bei MS kann diese Diätform nicht empfohlen werden.

Eiweißreiche Kostformen

Da Eiweiß für seinen Abbau einen Teil der Energie verbraucht, die es dem Körper zuführt, wurden eiweißreiche Diäten entwickelt. Die Eier-Kur, Mayo-Kur, Banting-Diät oder Kuhnsche-Kur mit Seefisch beruhen auf diesem Prinzip. Da diese Diäten auch den Kohlenhydratgehalt der Nahrung deutlich vermindern, nimmt man ab. Für Leber-, Gallen- und vor allem für Nierenkranke sind diese Diäten völlig ungeeignet. Auch MS-Patienten kann eine solch einseitige Ernährung nicht empfohlen werden.

Diäten, denen ein Nutzen bei MS zugeschrieben wird

Vegetarische Kost

Vegetare ist lateinisch und heißt beleben. Bei dieser Kostform werden neben pflanzlichen Lebensmitteln auch tierische verzehrt, allerdings nur von lebenden Tieren (Milch, Eier, Honig). Strenge vegetarische (vegane) Kost, die auf tierische Lebensmittel verzichtet, kann man ohne Mangelerscheinungen nur einhalten, wenn man viel über die Lebensmittelinhaltsstoffe weiß. Ovo-lacto-vegetarische Kost, pflanzliche Nahrung mit Milchprodukten und Eiern, ist als Dauerkost geeignet.

Der Verzicht auf Fleisch ist eher „weltanschaulich" bedingt. Allerdings sind zahlreiche Zivilisationskrankheiten (wie Verstopfung, Übergewicht, Bluthochdruck, Zuckerkrankheit und Gicht) bei Vegetariern seltener anzutreffen. Zudem ist die durchschnittliche Lebenserwartung von ovo-lacto-Vegetariern etwas höher als die der Normalbevölkerung, wie sich gezeigt hat.

Diät nach Dr. Fratzer, Dr. Hebener

Die Diät nach Dr. Fratzer geht davon aus, dass die Linolsäurezufuhr vermindert werden soll, da aus dieser Arachidonsäure aufgebaut würde. Neuere Untersuchungen haben gezeigt, dass Linolsäure beim Menschen kaum zu Arachidonsäure umgebaut wird. Mehr noch: Eine Aufnahme als mehr als 10 g Linolsäure pro Tag führt über eine Enzymhemmung sogar zum Absinken des Arachidonsäurespiegels. Dieser Mechanismus erklärt, warum Vegetarier im Vergleich zu Mischköstlern trotz höherer Linolsäurespiegel niedrigere Arachidonsäurespiegel aufweisen. Vegetarier nehmen auch wesentlich weniger präformierte Arachidonsäure auf als Mischköstler. Die Empfehlung, die Linolsäurezufuhr auf maximal 1800 mg pro Tag zu reduzieren ist damit hinfällig.

Diät nach Dr. Swank

Am konsequentesten verfolgte Dr. Swank den Ansatz der Krankheitsmodulation durch Verminderung der Nahrungsfette. Er startete in den 50er Jahren eine Diätstudie und publizierte 1990 Daten nach bis zu 35-jähriger Diätdauer der Patienten. Bei einer Gruppe von 150 Patienten hatten die Patienten, die sehr wenig Fett aßen (< 20 g pro Tag) im Vergleich zu der Gruppe, die mehr Fette zu sich genommen hatten, weniger Schübe und ihr Gesundheitszustand verschlechterte sich weniger. Vor Beginn seiner Diät habe die Schubrate bei ca. 1 pro Jahr gelegen. Bei den Betroffenen, die seine Diät ganz strikt eingehalten hätten, sei die Schubrate nach 2 Jahren auf ca. 0,2 Schübe pro Jahr und nach 5 Jahren in den Bereich von 0,1 Schübe pro Jahr abgefallen.

Der entscheidende Nachteil der Swank-Studie ist, dass es keine randomisierte Kontrollgruppe gab, man also nicht sicher sagen kann, ob der gute Krankheitsverlauf der von ihm behandelten Patienten tatsächlich auf die Fettreduktion zurückzuführen ist oder nur zufällig auftrat.

Dr. Swank fordert die Reduzierung tierischer und/oder „harter“ gesättigter Fette auf unter 20 g pro Tag. Wenn man die Swank-Diät und die Erkenntnisse der Fettstoffwechselforschung zusammenträgt, dann ergeben sich für die tägliche Fettzufuhr folgende Empfehlungen:

- Maximal 15 g kritisches Fett (3 Teelöffel), zusammen mit verborgenen Fetten werden dann ca. 20 g Fett erreicht.
- Milch und Milchprodukte mit mehr als 1 % Fett meiden.
- Täglich einen Esslöffel Lebertran oder ein entsprechendes Präparat.

- Vier bis maximal 10 Teelöffel (20 bis 50 g) gutes Öl (z. B. Sonnenblumenöl, Leinöl, Weizenkeimöl) mit hohem Gehalt an mehrfach ungesättigten Fettsäuren.

Eine solche stark fettreduzierte Diät ist schwer einzuhalten, solange die Daten von Dr. Swank nicht bewiesen sind, muss niemand ein schlechtes Gewissen haben, der (etwas) mehr Fett zu sich nimmt.

Evers-Diät

Um 1940 machte Dr. Evers Umweltfaktoren, insbesondere die zunehmend denaturierte Nahrung, für die Entstehung und Progredienz der MS verantwortlich. Dem ging die Beobachtung voraus, dass bei Völkern mit hohem Lebensstandard MS häufiger auftritt als bei einfach lebenden Völkern. Evers propagierte die Abwendung von denaturierter Ernährungsweise (weißem Mehl, raffiniertem Zucker, Weißbrot ohne Ballaststoffe, Konservierung der Nahrungsmittel). Er forderte eine Nahrung im ursprünglichen Zustand: rohe Früchte (Obst, Nüsse und Körnerfrüchte), rohe Wurzeln (Möhren), rohe Milch, Butter, rohe Haferflocken, Vollkornbrot, rohes Ei, Bienenhonig und Wasser.

Verboten sind danach Kaffee, schwarzer Tee und Nikotin sowie alle gebratenen, gekochten, gebackenen Nahrungsmittel. Als Konservierungstechniken erlaubte er nur Trocknung und Vergärung (z. B. Sauerkraut).

Neben einer naturbelassenen Ernährung legte Dr. Evers großen Wert auf eine gesunde Lebensführung. Dazu gehörte der tägliche Aufenthalt an der frischen Luft, wenn möglich so viel Bewegung dass man sich wohl fühlt, sowie Kneipp-Anwendungen (jeden Morgen eine kalte Abreibung, kalte Dusche, Güsse, Tretbecken).

Aus heutiger Sicht ist der hohe Anteil von vegetarischer Kost, Ballaststoffen und pflanzlichen Ölen sinnvoll. Die Annahme, dass die Zubereitung der Speisen wie das Kochen einen ungünstigen Einfluss auf die MS haben soll, ist aber nicht haltbar.

Den neueren Erkenntnissen entsprechend wird die Evers-Diät heute als rohkostbetonte Variante der lacto-vegetabilen Vollwertkost angeboten. Hauptaugenmerk liegt nach wie vor auf dem Vollkorngetreide (insbesondere Getreidekeimlinge und Vollkornbrot), frischem Gemüse und Obst.

Mit der Ermüdbarkeit umgehen lernen

Fatigue – ein häufiges Symptom der Multiplen Sklerose

Schnelle Erschöpfbarkeit (auch „Fatigue“ genannt) ist ein typisches Phänomen der Multiplen Sklerose und oft behindernder als Lähmungen oder Gangstörungen. Für Gesunde ist es oft schwer verständlich, dass ein MS-Betroffener nach vermeintlich geringer körperlicher oder geistiger Anstrengung erschöpft ist und eine Ruhepause einlegen muss. Es hat wenig Sinn sich darüber zu ärgern oder sich Vorwürfe zu machen. Auch mit Energie und Ehrgeiz kann die schnelle Ermüdbarkeit nicht dauerhaft überwunden werden. Man kann aber lernen, damit zu leben und seine Aktivitäten entsprechend zu gestalten. Neben regelmäßiger körperlicher Aktivität sollte man lernen, mit der vorhandenen Energie sparsam umzugehen.

Hier werden nun einige Prinzipien zur Energieeinsparung aufgeführt, die Ihnen auch beim Zubereiten von Speisen und beim Aufräumen der Küche von Nutzen sein können (einige Ideen sind dem englischsprachigen Buch „Symptom Management in Multiple Sclerosis“ von Rendall Shapiro entnommen).

Es ist enorm wichtig, dass Sie selbst ein Gefühl dafür bekommen, was Sie besonders anstrengt und wo es Ihnen möglich ist, Energie einzusparen. Überlegen Sie genau, was Sie täglich zu erledigen haben und wie Sie diese Arbeiten energiesparend verrichten können.

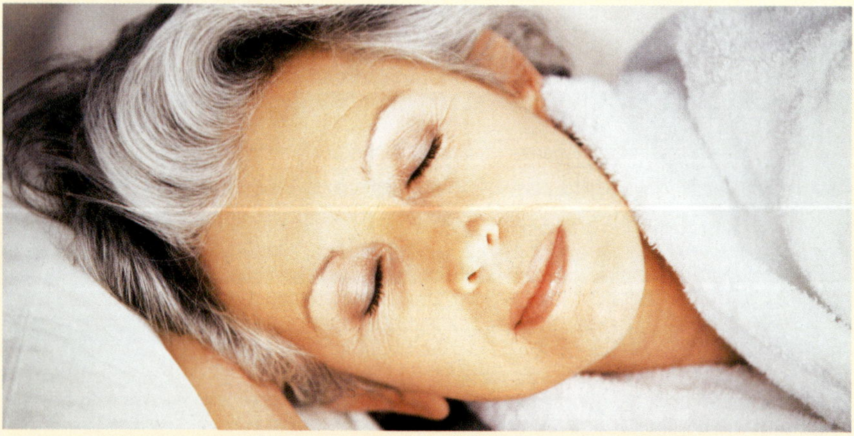

Nach körperlicher und geistiger Erschöpfung tut eine Ruhepause gut.

Allgemeine Prinzipien des Energiehaushalts

- Schaffen Sie eine Balance zwischen Aktivität und Ruhe. Planen Sie Ruhepausen ein. Ruhe bedeutet: Absolut nichts zu tun.
- Lernen Sie Ihre Grenzen kennen und akzeptieren Sie diese. Es nützt nichts mit viel Willen den Körper zu überfordern.
- Planen Sie im Voraus. Erstellen Sie einen Tages- und Wochenplan, verteilen Sie anstrengende und weniger anstrengende Tätigkeiten so, dass eine Balance entsteht.
- Rasten Sie, bevor Sie erschöpft sind. Am Anfang fällt es schwer, eine längere Aktivität durch eine 5- oder 10-minütige Pause zu unterbrechen, aber so kann die Gesamtausdauer deutlich erhöht werden.
- Teilen Sie die Aktivitäten in kleinere Einheiten und überlegen Sie, wer Ihnen helfen kann.
- Setzen Sie Prioritäten. Lernen Sie, Arbeiten an Andere zu delegieren und lassen Sie sich nicht mehr aufbürden als Sie schaffen können, ohne sich zu überfordern.

Einrichtung der Küche und Organisation der Arbeitsgeräte

- Verstauen Sie Teller, Tassen, Besteck, Schüsseln, Siebe etc. so, dass sie ohne Verrenkungen erreicht werden können.
- Bringen Sie Töpfe und Pfannen nahe am Herd unter, Tassen, Teller oder Gläser in der Nähe von Spüle oder Esstisch, damit das Umhertragen minimiert wird.
- Stellen Sie schwere Gegenstände wie Mixer, Toaster, Küchenmaschine oder Getreidemühle so, dass sie nicht oft bewegt werden müssen.
- Setzen Sie sich so oft es geht und Ihnen danach ist.
- Entspannen Sie die Rückenmuskulatur, indem Sie beim längeren Stehen einen Fuß auf einem Schemel abstellen.
- Benutzen Sie einen Servierwagen für längere Wege mit Geschirr oder Gewichten.
- Benutzen Sie Geschirr, das im Ofen und auf dem Tisch verwendet werden kann.

Zubereitung von Speisen

- Sorgen Sie für gute Beleuchtung und Ventilation in der Küche, damit es nicht zu einer Überhitzung kommt.
- Legen Sie sich alle Arbeitsgeräte und Lebensmittel passend zurecht, bevor sie mit der Speisenzubereitung beginnen.
- Kochen Sie größere Portionen, von denen Sie einen Teil einfrieren können.
- Verwenden Sie elektrische Geräte statt mechanische.

Das Verbot der Erhitzung wurde fallen gelassen, der Anteil von Rohkost und erhitzter Vollwertkost an der Ernährung ist variabel. Durch die vegetarische Lebensmittelauswahl ist die Diät arachidonsäurearm, der Gesamtfettanteil wird niedrig gehalten, pflanzliche Öle werden bevorzugt. Die Empfehlungen zur gesunden Lebensführung sind aufrechterhalten worden.

Primrose Öl

Das Öl der gelben Schlüsselblume wird von Judy Graham empfohlen, deren Buch viele MS-Patienten lesen. Primrose Öl ist reich an γ-Linolensäure, einer mehrfach ungesättigten Ω-6-Fettsäure. Ein Effekt, der über die Wirkungen von Linolensäure hinausgeht, ist nicht belegt. Spezielle Kapseln mit diesem Öl (Naudicelle, Efamol usw.) bieten keine besonderen Vorteile.

Glutenfreie Diät

Da in Gegenden, wo viel glutenhaltiges Getreide (z. B. Weizen) verzehrt wird, mehr MS-Fälle auftraten, wurde eine glutenfreie Diät empfohlen. Es gibt aber keinen wissenschaftlichen Beweis für den Nutzen einer solchen Diät oder für die Annahme, dass Gluten in der Nahrung eine MS verschlechtern oder gar auslösen könne. Zudem ist es schwierig, Gluten zu meiden, da dies in verschiedenen Nahrungsmitteln auftaucht und besonders bei industriell verarbeiteter Nahrung oft nicht deklariert ist.

So genannte allergenfreie Diäten

Unter der Vorstellung, der MS liege eine Allergie gegen äußere Substanzen zugrunde, werden „allergenfreie Diäten“ angeboten. Gelegentlich werden (oft für viel Geld) Diagnoseverfahren angewendet, die angeblich eine „Allergie“ erkennen lassen sollen, die aber oft nicht seriös sind und keinen diagnostischen Wert haben. Es gibt keinen Beweis dafür, dass Nahrungsmittelunverträglichkeiten oder -allergien bei MS-Patienten häufiger sind als in der Normalbevölkerung. Für solche Therapien gibt es weder theoretische noch wissenschaftliche Grundlagen.

Kapitel 4

Rezepte

Gut und abwechslungsreich Kochen und Essen, das ist auch bei MS kein Problem. Ob der Gaumen nun eher nach Fisch oder Gemüse verlangt oder eher Süßes angesagt ist, der bunte, vielfältige Rezepteteil stellt jeden Gaumen zufrieden.

Das Frühstück

Das Frühstück wird von vielen recht stiefmütterlich behandelt. Manche frühstücken gar nicht, um ein paar Minuten länger schlafen zu können. Andere wiederum schlingen in aller Eile – meist im Stehen – Toast- oder Weißbrot mit Marmelade, Nuss-Nugat-Creme oder fettem Aufschnitt in sich hinein. Hinuntergespült wird das Ganze dann mit 2 bis 3 Tassen Kaffee.

Ein echtes Power-Frühstück sollte die Grundlage für den beginnenden Tag legen und reichlich komplexe Kohlenhydrate, Vitamine, Mineralien, Ballaststoffe sowie andere bioaktive Substanzen liefern. Ein ideales Frühstück kombiniert daher Vollkorngetreide mit Obst und Milchprodukten. Vollkorngetreide können Sie in Form von Brot, Brötchen oder Müsli genießen. Als Getränk eignen sich Mineralwasser, Früchte- oder auch ein Kräutertee.

Variationsmöglichkeiten für eine Brotmahlzeit

- Vollkornbrot oder Vollkornbrötchen
- wenig Streichfett (Margarine, ungehärtet)
- Aufstriche aus Obst oder Hülsenfrüchten
- fettarme Milchprodukte wie Dickmilch, Joghurt, Quark oder Hüttenkäse
- frisches Obst (z. B. Birne, Beeren, Nektarine) oder auch Gemüse (z. B. Gurke, Kohlrabi, Kresse, Tomate)

Vollkornbrot mit Hefe

Zutaten für 20 Scheiben

500 ml	*lauwarmes Wasser*
1/2	*Würfel Hefe*
1 TL	*Honig*
750 g	*Weizen-Vollkornmehl*
1 EL	*Salz*
1/2 TL	*Öl zum Einfetten der Brotform*
	evt. Saaten oder Kerne zum Ausstreuen

Zubereitung

- Warmes Wasser mit Hefe und Honig verrühren. Mehl mit Salz mischen, zugeben und 10 Minuten kneten. Den Teig an einen warmen Platz stellen und gehen lassen.
- Brotform einfetten und eventuell mit Saaten oder Kernen ausstreuen.
- Den Teig nach dem Gehen 2 bis 3 Minuten durchkneten, dabei eventuell Kerne, Nüsse oder gedünstete Zwiebeln einarbeiten. Teig in die vorbereitete Brotform geben, an der Oberfläche einige Male einschneiden und 10 Minuten gehen lassen.
- Backofen auf 250°C vorheizen, eine mit Wasser gefüllte Pfanne unten in den Ofen stellen, Backofen auf 225°C runterschalten und das Brot ca. 60 Minuten backen. Fertiges Brot auf einen Gitterrost stürzen und auskühlen lassen.

Pro Scheibe

120	*kcal*
4 g	*Eiweiß*
1 g	*Fett*
23 g	*Kohlenhydrate*
4 g	*Ballaststoffe*

Variationen

- *Gewürzbrot: 1-2 EL Brotgewürz (3 Teile Fenchel, 3 Teile Kümmel, 3 Teile Anis, 1 Teil Koriander) zerstoßen, ins Mehl geben.*
- *Kürbiskernbrot, Nussbrot, Sonnenblumenbrot: je nach Lust und Laune 150 g der Kerne in den Teig geben.*
- *Zwiebelbrot: 2 Zwiebeln (150 g) würfeln, in 1 EL Margarine (10 g) glasig dünsten, abkühlen lassen, mit 1 TL frisch gemahlenem Kümmel zum Teig geben.*

Müsli

Zutaten für 1 Portion

50 g	*Getreide (z. B. 1-2 EL gekeimtes Getreide und 2 EL Hafer-Vollkornflocken)*
1-2 EL	*Kerne und Saaten (z. B. 1 TL gerösteter Sesam und 1 TL Sonnenblumenkerne)*
150 g	*Obst (z. B. 1/2 Apfel und 1/2 Banane) oder Gemüse*
100 g	*fettarme Milchprodukte*

Zubereitung

- Ob Hafer, Hirse, Roggen oder Weizen, ob Flocken, Keime oder geschrotet, Sie können nach Herzenslust variieren.
- Als Müslibasis können Sie auch eine zuckerfreie Fertigmischung verwenden.
- Zur Verfeinerung bietet sich Obst nach Geschmack und Jahreszeit an. Es eignen sich geraspelter Apfel, klein geschnittene Banane, eingeweichtes Trockenobst oder – wenn Sie mehr Zeit haben – auch ein kleiner Obstsalat.
- Geben Sie fettarme Milch oder Milchprodukte (Dickmilch, Joghurt, Kefir) über das Müsli, alternativ Bananen-Mandel-Wasser oder Sojamilch.
- Statt wie in der süßen Variante können Sie das Müsli auch pikant mit Gemüse und Kräutern abschmecken.

Pro Portion

370	*kcal*
12 g	*Eiweiß*
10 g	*Fett*
55 g	*Kohlenhydrate*
10 g	*Ballaststoffe*

Tipp

Bananen-Mandel-Wasser – Die milchfreie Alternative

Zwei Bananen schälen (220 g), zusammen mit 1 EL Mandelmus (30 g) pürieren und mit 200 ml Wasser bis zur gewünschten Konsistenz verdünnen.

Pikanter Gemüse-Quark

Zutaten für 2 Portionen

250 g	Speisequark, Magerstufe
4 EL	Milch (1,5 % Fett; 60 ml)
1/2	Paprika, geputzt (80 g)
1	Tomate, geputzt (80 g)
1/2	Zwiebel, geschält (30 g)
1/2	Bund Petersilie
4 EL	Getreide-Keimlinge (80 g)
	Basilikumblätter
	Salz
	Pfeffer, frisch gemahlen

Zubereitung

- Paprika und Tomate in Würfel schneiden.
- Die Zwiebel und Kräuter fein hacken.
- Den Quark mit der Milch glatt rühren, das vorbereitete Gemüse und die Getreide-Keimlinge unter den Quark rühren.
- Mit den gehackten Kräutern sowie Salz und Pfeffer abschmecken.

Pro Portion

160	kcal
20 g	Eiweiß
1 g	Fett
16 g	Kohlenhydrate
3 g	Ballaststoffe

Frischkostsalate

Ein wichtiger Bestandteil der vollwertigen Ernährung ist die unerhitzte Frischkost. Dazu gehören vor allem frisches Gemüse und Obst, aber auch Getreide, Sprossen und Kräuter.

Einige Vorteile der unerhitzten Frischkost:

- Der Energiegehalt von Frischkost ist in der Regel niedriger als der erhitzter Mahlzeiten. Es empfiehlt sich daher einen Salatteller oder Obst als Vorspeise zu verzehren, sodass der Magen bereits etwas gefüllt ist, bevor die meist energiereichere Hauptmahlzeit gegessen wird.
- Das Verhältnis von essenziellen Inhaltsstoffen zum Energiegehalt (die Nährstoffdichte) ist sehr günstig.
- Es entstehen keine Verluste durch Hitzeeinwirkung oder Auslaugen ins Kochwasser. Somit bleiben alle Inhaltsstoffe in ihrer ursprünglichen Menge enthalten.
- Die physiologische Wirksamkeit der Ballaststoffe ist am größten, wenn sie nicht erhitzt wurden.
- Eine Fülle von Geschmacks-, Aroma- und Duftstoffen bieten Genuss und regen die Verdauungssäfte an.
- Durch intensives Kauen wird die Produktion von Verdauungssäften angeregt, das erste starke Hungergefühl besänftigt und die Zahngesundheit gefördert.
- Die Inhaltsstoffe sind zum Teil sehr empfindlich, deshalb
  - Frischkost möglichst immer erst unmittelbar vor der Mahlzeit zubereiten.
  - erst die Salatsoße zubereiten.
  - die Lebensmittel erst waschen, dann zerkleinern.
  - die zerkleinerten Zutaten sofort unterheben.

Blumenkohlsalat mit Apfel

Zutaten für 2 Portionen

50 g	*Frischkäse mit Kräutern, Doppelrahmstufe*
50 g	*Joghurt (0,1 % Fett)*
1 EL	*Zitronensaft, frisch gepresst*
1 EL	*Zwiebeln, gehackt*
	Muskatnuss, frisch gerieben
1/4	*Blumenkohl, geputzt (200 g)*
1	*Apfel, ohne Kerngehäuse (150 g)*

Zubereitung

- Für die Soße Frischkäse, Joghurt und Zitronensaft verrühren.
- Die Zwiebeln dazugeben und mit Muskatnuss kräftig abschmecken.
- Blumenkohl und Apfel in die Soße stifteln oder grob raspeln.
- Alle Zutaten miteinander mischen.

Pro Portion

140	*kcal*
6 g	*Eiweiß*
6 g	*Fett*
14 g	*Kohlenhydrate*
5 g	*Ballaststoffe*

Tipp

- *Statt des Blumenkohls können Sie auch die gleiche Menge Brokkoli verwenden.*

Blattsalat mit gebratenen Tofuwürfeln

Zutaten für 2 Portionen

250 g	*Räuchertofu*
1 EL	*Olivenöl (10 g)*
1 EL	*Apfelessig*
1/2 EL	*Balsamicoessig*
1/2 TL	*Honig*
1 TL	*Kräuter der Provence*
3 EL	*gemischte Kräuter, gehackt (z. B. Petersilie, Dill, Pimpinelle, Thymian, Schnittlauch)*
	Salz
1	*Knoblauchzehe, geschält*
2 EL	*Olivenöl (20 g)*
1/2	*Kopf Eisbergsalat, geputzt*

Zubereitung

- Den Tofu in etwa 1 cm große Würfel schneiden, das Öl erhitzen und die Tofuwürfel unter ständigem Wenden darin knusprig braun rösten.
- Für die Marinade Essig, Honig, Salz, Kräuter und den zerdrückten Knoblauch verrühren. Das Öl zufügen und verrühren.
- Den Salat klein schneiden, mit der Marinade mischen und zum Schluss die gerösteten Tofuwürfel darüber streuen.

Pro Portion

280	*kcal*
15 g	*Eiweiß*
22 g	*Fett*
6 g	*Kohlenhydrate*
3 g	*Ballaststoffe*

Variation

- *Wildkräuter klein schneiden und unter den Salat mischen (z. B. Brennnesselspitzen, Brunnenkresse, Giersch, Löwenzahnblätter, Sauerampfer, Vogelmiere)*

Keimlinge und Sprossen

Im Samen ruhen alle lebensnotwendigen Inhaltsstoffe einer Pflanze. Werden Feuchtigkeit, Luft, Wärme und Licht zugeführt, dann kommt „Leben“ in die Samen und sie keimen. Dabei werden zahlreiche Ab-, Um- und Aufbauprozesse in Gang gesetzt:

- Der Wassergehalt steigt und damit sinkt die Energiedichte (Kaloriengehalt pro 100 g).
- Kohlenhydrate, Fette und Eiweiße werden zum Teil abgebaut, die Sprossen sind dadurch bekömmlicher. Insbesondere bei Hülsenfrüchten kommt es weniger zu Blähungen.
- Die Eiweißzusammensetzung verschiebt sich zu Gunsten der essenziellen Aminosäuren. Dies bedeutet, dass sich die biologische Wertigkeit des Eiweißes erheblich erhöht.
- Die Bioverfügbarkeit von Mengen- und Spurenelementen wird durch den Abbau der Phytinsäure stark verbessert.
- Der Gehalt an Vitaminen nimmt um ein Vielfaches zu. Dies betrifft besonders die Vitamine B, C und E.
- Der Ballaststoffgehalt nimmt deutlich zu.

Alle Zutaten, die Sie zur Herstellung von frischen Sprossen benötigen, erhalten Sie im Reformhaus oder im Bioladen.

Sesam

In einem Märchen aus 1001 Nacht öffnet sich mit der Zauberformel „Sesam öffne dich“ die Schatzhöhle. Eine Fülle an Nährstoffen erwartet uns auch beim Zerkauen der kleinen Sesamsamen. Diese sind sehr wertvoll für die Versorgung mit Kalzium (ca. 780 mg/100 g), Magnesium (ca. 350 mg/100 g), Eisen (ca. 10 mg/100 g), Selen, Kieselsäure und Lezithin. Dank der natürlichen Antioxidanzien Sesamol und Sesamolin sind sie besonders haltbar.

Bekannte Sesamprodukte sind zum Beispiel Sesamöl, Tahin (Sesammus), Gomasio (gerösteter Sesam mit Meersalz und Gewürzen) und Halvah (türkisches Honig-Sesam-Konfekt).

Feldsalat mit Birne

Zutaten für 2 Portionen

1	Becher Joghurt (3,5 % Fett; 150 g)
1-2 EL	Zitronensaft, frisch gepresst
1/2-1 TL	Senf, mittelscharf
	Salz
	Curry
	Ingwer, frisch gerieben
1/2	Zwiebel, geschält (40 g)
1	Birne, geputzt (220 g)
150 g	Feldsalat, geputzt
40 g	Bergkäse

Zubereitung

- Zwiebel fein würfeln.
- Birne und Käse grob reiben.
- Für das Dressing Joghurt, Zitronensaft, Senf und Gewürze verrühren.
- Die Zwiebel und die Birne untermischen.
- Den Feldsalat vorsichtig unter das Dressing heben und mit geriebenem Käse bestreuen.

Pro Portion

210	kcal
11 g	Eiweiß
10 g	Fett
20 g	Kohlenhydrate
5 g	Ballaststoffe

Möhrensalat mit Sesam

Zutaten für 2 Portionen

1-2 EL	*Zitronensaft, frisch gepresst*
1/2 TL	*Honig*
	Anis, gemahlen
	Fenchel, gemahlen
	Zimt, gemahlen
2 EL	*Sesam (20 g)*
2 EL	*Sesamöl (20 g)*
3	*Möhren, geputzt (260 g)*
1	*Apfel, ohne Kerngehäuse (100 g)*

Zubereitung

- Zitronensaft, Honig und Gewürze verrühren.
- Den Sesam in einer trockenen Pfanne anrösten.
- Die Hälfte des Sesams sowie das Sesamöl zum Zitronensaft geben und cremig rühren.
- Möhren und Apfel in die Marinade raspeln oder stifteln.
- Den Salat gut durchmischen.
- Den restlichen Sesam über den Salat streuen.

Pro Portion

220	*kcal*
3 g	*Eiweiß*
16 g	*Fett*
17 g	*Kohlenhydrate*
7 g	*Ballaststoffe*

Sauerkrautsalat

Zutaten für 2 Portionen

250 g	*mildes Sauerkraut (roh, nicht pasteurisiert)*
2	*Scheiben frische Ananas (200 g)*
2 EL	*Petersilie, gehackt*
1/2 TL	*Kümmel, gemahlen*
2 EL	*Sonnenblumenöl (20 g)*
	Kräutersalz
1 EL	*Kürbiskerne (10 g)*

Zubereitung

- Sauerkraut auflockern und klein schneiden.
- Die Ananasscheiben klein würfeln.
- Das Sauerkraut mit den Ananasstücken, der Petersilie und dem Kümmel gut durchmischen.
- Öl über den Salat gießen und untermengen.
- Mit Kräutersalz abschmecken.
- Die Kürbiskerne in einer trockenen Pfanne anrösten und anschließend über den Salat streuen.

Pro Portion

200	*kcal*
4 g	*Eiweiß*
13 g	*Fett*
15 g	*Kohlenhydrate*
6 g	*Ballaststoffe*

Paprikasalat

Zutaten für 2 Portionen

1-2 EL	*Apfelessig*
1/2 TL	*Honig*
1/2 TL	*Tafel-Meerrettich*
	Salz
	Pfeffer, frisch gemahlen
1	*Bund glatte Petersilie*
1	*Zweig Thymian*
1/2	*Zwiebel, geschält (30 g)*
2 EL	*Olivenöl (20 g)*
2	*rote Paprika, geputzt (300 g)*
1	*kleiner Apfel, ohne Kerngehäuse (150 g)*

Zubereitung

- Petersilie mit den Thymianblättchen hacken.
- Die Zwiebel fein würfeln.
- Für die Marinade Essig, Honig, Meerrettich, Salz und Pfeffer verrühren.
- Die gehackten Kräuter und die Zwiebeln zur Marinade geben.
- Zum Schluss das Öl unterrühren.
- Paprika und Apfel in Würfel schneiden, zur Marinade hinzugeben und gut durchmischen.

Pro Portion

200	*kcal*
3 g	*Eiweiß*
11 g	*Fett*
21 g	*Kohlenhydrate*
7 g	*Ballaststoffe*

Chinakohlsalat mit gekeimtem Roggen

Zutaten für 2 Portionen

4 EL	Roggen-Keimlinge (60 g)
2 EL	Zitronensaft, frisch gepresst
	Salz
1/2 TL	Honig
1/2 TL	Senf, mittelscharf
2 EL	Zwiebeln, gehackt
4	Zweige Thymian
2 EL	Petersilie, gehackt
1 TL	Basilikum, gehackt
2 EL	Olivenöl (20 g)
1/2	Chinakohl, geputzt (175 g)
1	rote Paprika, geputzt (160 g)

Zubereitung

- Für die Marinade Zitronensaft, Salz, Honig, Senf und Zwiebeln verrühren.
- Thymianblättchen abstreifen und mit den gehackten Kräutern unterrühren. Zum Schluss das Öl dazugeben.
- Den gekeimten Roggen abspülen, abtropfen lassen und mit der Marinade mischen.
- Chinakohl halbieren und in dünne Streifen, die Paprika in Würfel schneiden.
- Das Gemüse unter die Marinade heben.

Pro Portion

180	kcal
4 g	Eiweiß
11 g	Fett
16 g	Kohlenhydrate
6 g	Ballaststoffe

Mischsalat

Zutaten für 2 Portionen

1/2	*Avocado, Fruchtfleisch (110 g)*
2 EL	*Zitronensaft, frisch gepresst*
1 EL	*Joghurt, 1,5 % Fett (30 g)*
1/2	*Zwiebel, geschält (35 g)*
1/2	*Bund Schnittlauch*
1/2	*Bund Petersilie (oder Kerbel)*
	Kräutersalz
	Pfeffer, frisch gemahlen
1/2	*grüne Paprika, geputzt (65 g)*
1/2	*gelbe Paprika, geputzt (65 g)*
100 g	*Salatgurke, geschält*
60 g	*Rettich, geschält*
5	*Radieschen, geputzt (60 g)*
2	*Tomaten, geputzt (200 g)*

Pro Portion

195	*kcal*
5 g	*Eiweiß*
14 g	*Fett*
12 g	*Kohlenhydrate*
7 g	*Ballaststoffe*

Zubereitung

- Fruchtfleisch der Avocado mit dem Zitronensaft und dem Joghurt pürieren.
- Zwiebel in Würfel schneiden und die Kräuter fein hacken.
- Alles zur Avocadocreme geben und verrühren.
- Mit Kräutersalz und Pfeffer abschmecken.
- Paprika, Gurke, Rettich, Radieschen und Tomaten würfeln.
- Das Gemüse mit der Avocadocreme mischen.

Selleriesalat

Zutaten für 2 Portionen

2-3EL	*Zitronensaft, frisch gepresst*
1 EL	*Mandelmus (25 g)*
1/2	*Becher Joghurt (1,5 % Fett; 75 g)*
1/2 TL	*Honig*
1	*Prise Salz*
1	*süße Birne, geputzt (150 g)*
1/2	*Knolle Sellerie, geschält (200 g)*
1 EL	*Mandeln, gehackt (10 g)*

Zubereitung

- Für die Soße Zitronensaft, Mandelmus und Joghurt verrühren.
- Die Mischung mit Honig und Salz abschmecken.
- Birne und Sellerie reiben und mit der Soße vermischen.
- Die Mandeln zum Schluss über den Salat streuen.

Pro Portion

210	*kcal*
6 g	*Eiweiß*
12 g	*Fett*
20 g	*Kohlenhydrate*
8 g	*Ballaststoffe*

Variation Waldorfsalat

- *Ersetzen Sie Mandelmus und Mandeln durch gehackte Walnusskerne. Die süße Note kommt von Ananas- und Apfelwürfeln statt der Birne.*

Grünkernsalat

Zutaten für 2 Portionen

50 g	*Grünkern, ganz*
2 EL	*Zitronensaft, frisch gepresst*
1/2	*Bund glatte Petersilie*
	einige Blätter Basilikum
2	*Zweige Thymian*
1	*Knoblauchzehe, geschält*
2 EL	*Olivenöl (20 g)*
1/2	*gelbe Paprika, geputzt (80 g)*
1/2	*grüne Paprika, geputzt (80 g)*
2	*Tomaten, geputzt (180 g)*
60 g	*Schafskäse*

Zubereitung

- Den Grünkern über Nacht in der doppelten Menge Wasser einweichen.
- Für die Marinade Kräuter hacken, Knoblauch fein reiben und alles mit dem Zitronensaft verrühren. Öl zugeben und verrühren.
- Eingeweichten Grünkern abspülen, abtropfen lassen und unter die Marinade rühren.
- Paprikahälften, Tomaten und Schafskäse würfeln.
- Das Gemüse mit dem Käse und dem Grünkern mischen.

Pro Portion

290	*kcal*
10 g	*Eiweiß*
17 g	*Fett*
24 g	*Kohlenhydrate*
6 g	*Ballaststoffe*

Tipp

- *Der Grünkern wird weicher, wenn Sie ihn ca. 50 bis 60 Minuten bei geringer Hitze köcheln lassen.*

Tomatensalat mit Kresse

Zutaten für 2 Portionen

1 EL	*Zitronensaft, frisch gepresst*
1/2-1 EL	*Balsamico-Essig*
1/4 TL	*Honig*
1/2	*Zwiebel, geschält (40 g)*
1/2	*Bund Petersilie*
1/2	*Bund Schnittlauch*
	einige Blätter Basilikum
	einige Nadeln Rosmarin
	Salz
	Pfeffer, frisch gemahlen
2 EL	*Olivenöl (20 g)*
5	*Tomaten, geputzt (500 g)*
1/2	*Kästchen Kresse*

Zubereitung

- Zwiebel und frische Kräuter fein hacken.
- Zitronensaft mit Essig und Honig verrühren, Zwiebeln und Kräuter zugeben.
- Mit Salz und Pfeffer würzen.
- Das Öl zugießen und gut verrühren.
- Die Tomaten in Stücke schneiden und mit der Marinade mischen.
- Kresse abschneiden und auf dem Tomatensalat anrichten.

Pro Portion

150	*kcal*
3 g	*Eiweiß*
11 g	*Fett*
10 g	*Kohlenhydrate*
3 g	*Ballaststoffe*

Tipp

- *Kresse können Sie leicht selbst in Schalen auf der Fensterbank ziehen. Streuen Sie die Samen auf feuchtes Küchenkrepppapier und halten Sie es weiter feucht. Nach ca. 2 Wochen könnenSie Ihre Kresse ernten.*

Kresse

In der Volksmedizin wird Kresse wegen ihrer reinigenden Wirkung auf die Harn- und Atemwege eingesetzt. Heute ist nachweisbar, dass schon 10 bis 40 g Kresse ausreichen um in den ableitenden Harnwegen eine therapeutisch wirksame Konzentration an antibiotisch wirkenden Substanzen zu erzielen. Die dafür verantwortlichen scharfen Senföle sind sehr hitzeempfindlich. Schneiden Sie daher die Kresse mit einer Schere direkt auf die Salate, auf Quark oder Brot.

Tomaten

Tomaten sind sehr reich an Lycopin, das zu den Carotinoiden zählt. Es besitzt keine Provitamin-A-Wirkung, hat aber ein hohes antioxidatives Potenzial und immunmodulatorische Eigenschaften.
Wegen seiner Hitzestabilität findet es sich nicht nur in rohen Tomaten sondern auch in Tomatenprodukten. Seine Resorption ist aus erhitzten und fein zerkleinerten Lebensmitteln (z. B. Tomatenpüree, Tomatensuppe, Tomatensaft) sogar etwa dreimal besser als aus frischen Tomaten.

Dinkel/Grünkern

Dinkel gehört botanisch zur Weizenfamilie. Er ist eine alte Kulturpflanze, die im Laufe des 20. Jahrhunderts an Bedeutung verloren hat, mittlerweile aber wieder an Zuspruch gewinnt. Seine harte Spelzhülle, die nach der Ernte mechanisch entfernt werden muss, dient als natürlicher Schadstofffilter. Dinkelmehl hat einen hohen Klebergehalt und lässt sich aufgrund dessen sehr gut verbacken.
Wird der Dinkel in halbreifem Zustand (grün) geerntet und anschließend gedorrt, spricht man von Grünkern. Der Grünkern hat einen herzhaft-würzigen Geschmack.

Sojasprossensalat

Zutaten für 2 Portionen

1/2	Avocado, Fruchtfleisch (100 g)
2 EL	Zitronensaft, frisch gepresst
1/2	Becher Joghurt (1,5 % Fett; 75 g)
1/2	Bund Petersilie
1	Knoblauchzehe, geschält
	Kräutersalz
	Pfeffer, frisch gemahlen
3	Champignons, geputzt (75 g)
4 EL	Gemüsemais (100 g)
125 g	Mungobohnensprossen

Zubereitung

- Das Fruchtfleisch der Avocado mit Zitronensaft und Joghurt pürieren.
- Petersilie und Knoblauch fein hacken, dann zur Avocadocreme geben und das Ganze gut verrühren.
- Mit Kräutersalz und Pfeffer abschmecken.
- Champignons in Stücke schneiden und zusammen mit dem Mais und den Sprossen unter das Dressing mischen.

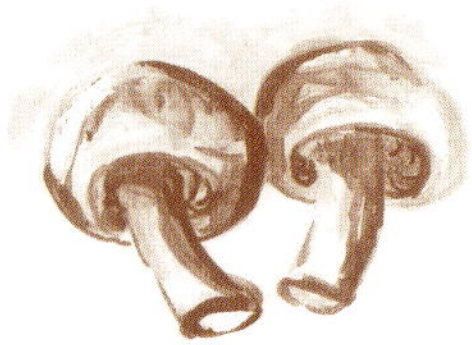

Pro Portion

210	kcal
8 g	Eiweiß
14 g	Fett
13 g	Kohlenhydrate
5 g	Ballaststoffe

Tipp

- *Reife Avocados geben auf Fingerdruck leicht nach. Noch unreife Früche bei Raumtemperatur nachreifen lassen.*

Gazpacho

Zutaten für 2 Portionen

1/2	altbackenes Vollkornbrötchen
3	Tomaten (300 g)
1	Stück Gurke, geschält (150 g)
1/2	Paprika, geputzt (80 g)
1	Knoblauchzehe, geschält
250 ml	sehr kaltes Mineralwasser (ohne Kohlensäure)
2 TL	Essig
1/2 -1EL	Olivenöl (5-10 g)
	Salz

Zubereitung

- Das Brötchen in Wasser einweichen.
- Tomaten kurz mit kochendem Wasser überbrühen, häuten und die Stielansätze entfernen.
- Tomaten, Gurke und Paprika in Stücke schneiden, den Knoblauch hacken.
- Das Brötchen ausdrücken und zusammen mit dem zerkleinerten Gemüse im Mixer pürieren.
- Das Gemüsepüree in eine Schüssel füllen und das kalte Wasser mit dem Schneebesen unterrühren.
- Mit Essig, Öl und Salz abschmecken.
- Die Gazpacho kühl, jedoch nicht eiskalt servieren.

Pro Portion

60	kcal
2 g	Eiweiß
2 g	Fett
8 g	Kohlenhydrate
2 g	Ballaststoffe

Tipp

- *Leicht und erfrischend an heißen Sommertagen.*

Kartoffelsuppe

Zutaten für 2 Portionen

4	*Kartoffeln, geputzt (350 g)*
1	*Möhre, geputzt (100 g)*
1/2	*Stange Lauch, geputzt (75 g)*
1	*Stück Knollensellerie, geputzt (50 g)*
1/2	*Zwiebel, geschält (40 g)*
1 EL	*Olivenöl (10 g)*
600 ml	*Gemüsebrühe*
	Salz
	Pfeffer, frisch gemahlen
	Muskatnuss, frisch gerieben
	Majoran, getrocknet
2 EL	*Petersilie, gehackt*

Zubereitung

- Kartoffeln, Möhren und Sellerie in Würfel schneiden. Den Lauch halbieren, in Streifen schneiden, die Zwiebel fein würfeln.
- Das Öl erhitzen. Zuerst Zwiebel und Lauch darin andünsten, dann das andere Gemüse zugeben und mitdünsten. Mit der Gemüsebrühe aufgießen und ca. 10 Minuten köcheln lassen.
- Die Suppe mit den Gewürzen abschmecken.
- Kurz vor dem Servieren Petersilie über die Suppe streuen.

Pro Portion

260	*kcal*
6 g	*Eiweiß*
11 g	*Fett*
33 g	*Kohlenhydrate*
9 g	*Ballaststoffe*

Tipp

- *Für eine Kartoffelcremesuppe pürieren Sie die Suppe nach dem Garen mit einem Pürierstab. Eventuell kurz vor dem Servieren 2 EL geschlagene Sahne (30 g) unter die Suppe ziehen und mit Petersilie bestreuen (300 kcal, 7 g Eiweiß, 15 g Fett, 33 g Kohlenhydrate, 9 g Ballaststoffe).*

Kürbiscremesuppe

Zutaten für 2 Portionen

300 g	*Kürbis, Fruchtfleisch*
2	*Möhren, geschält (150 g)*
2	*Kartoffeln, geschält (150 g)*
1/2	*Stange Lauch, geputzt (50 g)*
1	*Zwiebel, geschält (80 g)*
1 EL	*Sonnenblumenöl (10 g)*
500 ml	*Gemüsebrühe*
	Salz
	Pfeffer, frisch gemahlen
	Curry
	Zimt, gemahlen
1 EL	*Kürbiskerne (10 g)*

Zubereitung

- Kürbisfruchtfleisch, Möhren und Kartoffeln in grobe Würfel schneiden.
- Den Lauch in dünne Streifen schneiden und die Zwiebel grob hacken.
- Das Öl erhitzen und Zwiebel sowie Lauch darin goldgelb dünsten.
- Vorbereitetes Gemüse dazugeben und kurz mitdünsten. Mit der Gemüsebrühe ablöschen, aufkochen und ca. 20 Minuten köcheln lassen.
- Kürbiskerne in einer trockenen Pfanne anrösten.
- Die Suppe pürieren, mit Salz, Pfeffer, Curry und Zimt abschmecken.
- In vorgewärmte Tassen füllen und mit den gerösteten Kürbiskernen bestreuen.

Pro Portion

250	*kcal*
7 g	*Eiweiß*
12 g	*Fett*
26 g	*Kohlenhydrate*
8 g	*Ballaststoffe*

Tipp

- *In den ausgehöhlten Kürbis ein Gesicht schneiden, ein Teelicht hineinstellen – fertig ist die Tischdekoration.*

Steckrübensuppe

Zutaten für 2 Portionen

ca. 1/4	*Steckrübe, geschält (300 g)*
1-2	*Kartoffeln, geschält (150 g)*
1-2	*Möhren, geschält (100 g)*
1/2	*Stange Lauch, geputzt (75 g)*
1	*Zwiebel, geschält (60 g)*
1 EL	*Olivenöl (10 g)*
500 ml	*Gemüsebrühe*
1	*Lorbeerblatt*
	Salz
	Pfeffer, frisch gemahlen
1 EL	*Petersilie, gehackt*

Zubereitung

- Steckrübe, Möhre und Kartoffeln in Würfel schneiden, den Lauch in dünne Streifen schneiden und die Zwiebel fein hacken.
- Das Öl erhitzen, Zwiebel und Lauch darin goldgelb dünsten, vorbereitetes Gemüse dazugeben und kurz mitdünsten.
- Die Gemüsebrühe heiß aufgießen, Lorbeerblatt zugeben, aufkochen und ca. 20 Minuten köcheln lassen.
- Mit Salz und Pfeffer abschmecken.
- Eventuell das Gemüse mit einem Kartoffelstampfer etwas stampfen.
- Gehackte Petersilie über die Suppe streuen.

Pro Portion

210	*kcal*
6 g	*Eiweiß*
10 g	*Fett*
23 g	*Kohlenhydrate*
10 g	*Ballaststoffe*

Tipp

- *Die kleineren Steckrüben sind feiner im Geschmack.*

Gemüsesuppe mit Semmelklößchen

Zutaten für 2 Portionen

20 g	Margarine, ungehärtet
60 g	Semmelmehl
1	Ei (Größe M)
	Salz
	Pfeffer, frisch gemahlen
	Muskatnuss, frisch gerieben
1 EL	Margarine, ungehärtet (10 g)
1/2	Zwiebel, geschält (40 g)
1/2	Stange Lauch, geputzt (75 g)
1	Möhre, geputzt (100 g)
1	Kartoffel, geschält (100 g)
150 g	Erbsen, tiefgekühlt
800 ml	Gemüsebrühe

Zubereitung

- Für die Klößchen die Margarine cremig rühren und mit Semmelmehl und Ei zu einem glatten Teig verarbeiten. Mit Salz, Pfeffer und Muskat abschmecken.
- Den Teig ca. 15 Minuten ruhen lassen.
- Zwiebeln fein, Möhren und Kartoffeln grob würfeln. Den Lauch in Streifen schneiden.
- Margarine erhitzen und die Zwiebeln mit dem Lauch darin andünsten.
- Möhren und Kartoffeln zugeben, mit der Gemüsebrühe aufgießen und aufkochen lassen. Die gefrorenen Erbsen zugeben und zugedeckt ca. 5 Minuten köcheln lassen.
- In der Zwischenzeit aus dem Teig 8 kleine Klößchen formen, in die Suppe legen und ca. 10 Minuten bei geringer Hitze ziehen lassen.

Pro Portion

450	kcal
15 g	Eiweiß
23 g	Fett
46 g	Kohlenhydrate
11 g	Ballaststoffe

Tipp

- *Variieren Sie das Gemüse je nach Jahreszeit und Geschmack: Zucchini, Staudensellerie, Pastinake, Kohlrabi, grüne Bohnen, Blumenkohl usw.*

Tomatensuppe

Zutaten für 2 Portionen

6	*Tomaten, geputzt (750 g)*
1	*Zwiebel, geschält (90 g)*
1-2	*Knoblauchzehen, geschält*
	einige Basilikumblätter
4	*Zweige Thymian*
1 EL	*Olivenöl (10 g)*
1 EL	*Tomatenmark*
2	*Lorbeerblätter*
100 ml	*Gemüsebrühe*
	Salz
	Pfeffer, frisch gemahlen
2	*Scheiben Vollkorn-Toastbrot (40 g)*

Zubereitung

- Tomaten in kleine Stücke, Zwiebel und Knoblauch in feine Würfel schneiden, die Kräuter hacken.
- Das Öl erhitzen, Zwiebel und Knoblauch darin goldgelb dünsten. Tomatenstücke, Tomatenmark und Lorbeerblätter dazugeben und alles aufkochen lassen.
- Die Kräuter und die Brühe zufügen und zugedeckt ca. 15 Minuten köcheln lassen.
- In der Zwischenzeit das Brot toasten und in Würfel schneiden.
- Die Lorbeerblätter herausnehmen.
- Die Suppe fein pürieren und anschließend mit Salz und Pfeffer abschmecken.
- Die Suppe in Tassen füllen und mit den Brotwürfeln garnieren.

Pro Portion

190	*kcal*
6 g	*Eiweiß*
7 g	*Fett*
24 g	*Kohlenhydrate*
6 g	*Ballaststoffe*

Tipp

- *Achten Sie auf vollreife Tomaten. Die Suppe schmeckt dann besonders aromatisch.*

Zwiebelsuppe

Zutaten für 2 Portionen

1	*Gemüsezwiebel, geschält (250 g)*
2 EL	*Öl (20 g)*
450 ml	*Gemüsebrühe*
100 ml	*Weißwein, halbtrocken*
	Honig
	Kräuter der Provence
	Salz
	Pfeffer, frisch gemahlen
2	*Scheiben Vollkorn-Toastbrot (40 g)*
40 g	*Bergkäse (48 % Fett i. Tr.)*

Zubereitung

- Zwiebel halbieren und in Scheiben schneiden.
- Das Öl erhitzen und die Zwiebelscheiben darin goldgelb dünsten, dabei gelegentlich umrühren.
- Mit heißer Gemüsebrühe aufgießen, den Wein dazugeben und ca. 10 Minuten köcheln lassen.
- In der Zwischenzeit das Brot toasten und in Würfel schneiden, den Käse reiben.
- Mit Honig, Kräutern und Gewürzen abschmecken, nochmals 5 Minuten garen.
- Die Suppe in 2 Tassen füllen.
- Brotwürfel und Käse über die Suppe geben und diese im Backofen überbacken, bis der Käse anfängt zu bräunen.

Pro Portion

325	*kcal*
9 g	*Eiweiß*
20 g	*Fett*
18 g	*Kohlenhydrate*
4 g	*Ballaststoffe*

Cannelloni, gefüllt mit Spinat

Zutaten für 2 Portionen

500 g	Blattspinat, tiefgekühlt
3 EL	Sonnenblumenkerne (30 g)
1 EL	Olivenöl (10 g)
1	Zwiebel, geschält (80 g)
1-2	Knoblauchzehen, geschält
1 EL	Sahne (30 % Fett; 15 g)
	Salz
	Pfeffer, frisch gemahlen
	Muskatnuss, frisch gerieben
2 EL	Margarine, ungehärtet (20 g)
2 EL	Vollkornmehl (30 g)
250 ml	Milch (1,5 % Fett)
100 ml	Gemüsebrühe
8	Cannelloni

Zubereitung

- Den Spinat auftauen lassen.
- Sonnenblumenkerne ohne Fettzugabe leicht anrösten. Zwiebel und Knoblauch fein hacken.
- Das Öl erhitzen, Zwiebel und Knoblauch darin andünsten, den Spinat ausdrücken und mitdünsten.
- Die Hälfte der angerösteten Sonnenblumenkerne sowie die Sahne zu der Spinatmasse geben. Mit Salz, Pfeffer und Muskat würzen.
- Für die Soße die Margarine zerlassen, das Mehl darin anschwitzen, mit Milch und Gemüsebrühe ablöschen, ca. 3 Minuten köcheln lassen.
- Den Boden einer Auflaufform (ca. 26 x 17 cm) mit etwas Soße bedecken.
- Cannelloni mit Spinatmasse füllen, dicht nebeneinander in die Auflaufform legen und die restliche Spinatmasse darauf verteilen.
- Die Cannelloni mit der Soße übergießen und den restlichen Kernen bestreuen.
- Bei 200°C ca. 40 Minuten backen.

Pro Portion

545	kcal
23 g	Eiweiß
28 g	Fett
49 g	Kohlenhydrate
15 g	Ballaststoffe

Chili „ohne“ carne

Zutaten für 2 Portionen

200 g	Kidneybohnen, getrocknet
4-5	Tomaten, geputzt (500 g)
2	Zwiebeln, geschält (180 g)
1 EL	Olivenöl (10 g)
2 EL	Tomatenmark
	gekörnte Gemüsebrühe
1	Knoblauchzehe, geschält
2 TL	Oregano, getrocknet
	Chili, frisch gemahlen
	Salz
	Pfeffer, frisch gemahlen

Zubereitung

- Kidneybohnen über Nacht in der 4-fachen Menge warmem Wasser einweichen.
- Am nächsten Tag die Bohnen im Einweichwasser ohne Salzzugabe ca. 60 Minuten kochen (oder 20 Minuten im Dampfdrucktopf).
- Tomaten kurz mit kochendem Wasser überbrühen, häuten und achteln.
- Die Zwiebeln grob hacken.
- Öl erhitzen, die Zwiebeln darin dann goldgelb dünsten.
- Die gekochten Bohnen abtropfen lassen und zugeben. Tomatenstücke sowie Tomatenmark zu den Bohnen geben und etwa 15 Minuten musig kochen.
- Mit gekörnter Gemüsebrühe, zerdrücktem Knoblauch, Oregano, Chili sowie Salz und Pfeffer kräftig abschmecken.

Pro Portion

290	kcal
18 g	Eiweiß
7 g	Fett
37 g	Kohlenhydrate
18 g	Ballaststoffe

Tipp

- *Recht schnell geht es mit 500 g abgetropften Kidneybohnen aus der Dose.*

Grünkern-Auflauf mit Kartoffeln

Zutaten für 2 Portionen

1	Zwiebel, geschält (80 g)
1 EL	Olivenöl (10 g)
100 g	Grünkern, ganz
250 ml	Gemüsebrühe
1	Ei (Größe M)
150 ml	Milch (3,5 % Fett)
450 g	Kartoffeln, geschält
	Salz
	Pfeffer, frisch gemahlen
	Muskatnuss, frisch gerieben
	Olivenöl für die Form

Zubereitung

- Zwiebel grob hacken, Öl erhitzen und die Zwiebel darin goldgelb dünsten.
- Den Grünkern zugeben. Mit der Gemüsebrühe ablöschen und einmal kurz aufkochen lassen. Die Getreidekörner etwa 30 Minuten bei geringer Hitze weitergaren, danach etwa 15 Minuten nachquellen lassen.
- Ei und Milch verquirlen, die Kartoffeln grob in die Eiermilch reiben.
- Mit Salz, Pfeffer und Muskat kräftig würzen.
- Eine Auflaufform (ca. 26 x 17 cm) dünn mit Öl einfetten. Die Hälfte der Kartoffelmasse einfüllen, den Grünkern darüber geben und mit der übrigen Kartoffelmasse bedecken.
- Bei 200 °C ca. 45 Minuten backen.

Pro Portion

490	kcal
17 g	Eiweiß
15 g	Fett
71 g	Kohlenhydrate
11 g	Ballaststoffe

Grünkern-Bratlinge

Zutaten für 6 Stück

100 g	Grünkern
200 ml	Gemüsebrühe
50 g	Lauch, geputzt
1	Knoblauchzehe, geschält
75 g	Gouda (45 % Fett i. Tr.)
1	Ei (Größe M)
2 TL	Majoran, getrocknet
	Salz
	Pfeffer, frisch gemahlen
1 EL	Paniermehl
2 EL	Olivenöl zum Braten

Zubereitung

- Den Grünkern grob schroten und ohne Fettzugabe kurz in der Pfanne anrösten (nicht braun werden lassen). Mit heißer Gemüsebrühe ablöschen, aufkochen und ca. 10 Minuten nachquellen lassen.
- Lauch in feine Streifen schneiden, den Knoblauch pressen und den Käse reiben.
- Wenn die Getreidemasse abgekühlt ist, Lauch, Knoblauch und Käse zusammen mit dem Ei unterkneten.
- Mit zerriebenem Majoran, Salz und Pfeffer kräftig abschmecken.
- Mit nassen Händen aus der Masse 6 Bratlinge formen, im Paniermehl wenden und in heißem Öl von beiden Seiten goldbraun braten.

Pro Stück

155	kcal
7 g	Eiweiß
9 g	Fett
12 g	Kohlenhydrate
2 g	Ballaststoffe

Tipp

- *Mit der Grünkernmasse können Sie auch Paprika füllen.*
- *Die Bratlinge schmecken auch kalt sehr gut.*

Grünkern-Eintopf

Zutaten für 2 Portionen

140 g	Grünkern, ganz
300 ml	Gemüsebrühe
1/2	Zwiebel, geschält (40 g)
2	Möhren, geputzt (120 g)
1	Paprika, geputzt (160 g)
1/2	Zucchini, geputzt (100 g)
1 EL	Olivenöl (10 g)
100 ml	Gemüsebrühe
25 g	Frischkäse mit Kräutern, Doppelrahmstufe

Zubereitung

- Den Grünkern mit der Gemüsebrühe aufkochen, 30-40 Minuten bei geringer Hitze weitergaren und 15 Minuten nachquellen lassen.
- Zwiebel fein würfeln, Paprika in Stücke schneiden, Zucchini und Möhren vierteln und in Scheiben schneiden.
- Die Zwiebel im Öl andünsten, das restliche Gemüse zugeben und mitdünsten.
- Die Gemüsebrühe angießen und dann für ca. 10 Minuten köcheln lassen.
- Das Getreide mit Gemüse und Frischkäse verrühren.

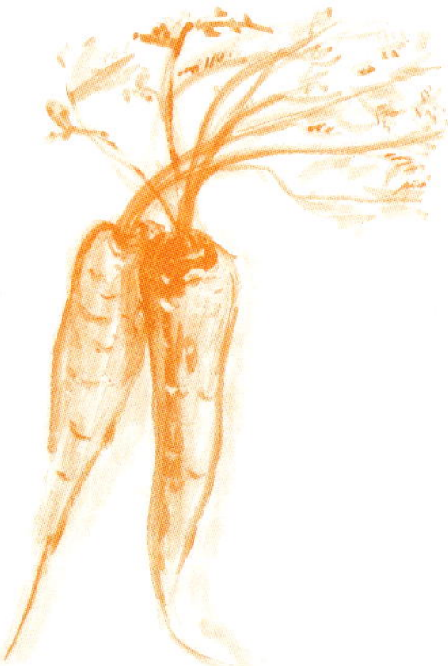

Pro Portion

385	kcal
12 g	Eiweiß
14 g	Fett
53 g	Kohlenhydrate
13 g	Ballaststoffe

Tipp

- *Der gekochte Grünkern lässt sich auch gut mit Rotkraut oder Sauerkraut kombinieren.*

Hülsenfrüchte

Kaum ein pflanzliches Lebensmittel liefert so viel Eiweiß und Ballaststoffe wie die Hülsenfrüchte. Beachten Sie bei der Zubereitung jedoch einige Grundregeln:

- Die Hülsenfrüchte vor dem Kochen gut 12 Stunden, also am besten über Nacht, einweichen (Ausnahme: Linsen).
- Die gewaschenen Hülsenfrüchte mit dem Einweichwasser garen.
- Geben Sie 1 TL Öl zu um die Schaumbildung während des Garens zu reduzieren.
- Hülsenfrüchte erst nach dem Weichkochen salzen, ansonsten bleiben sie hart.

Die Garzeit ist abhängig vom Alter der Samen und vom Härtegrad des Wassers. Garzeiten im Dampfdrucktopf: Kichererbsen 90-120 Minuten, Bohnen 60-90 Minuten, Linsen 45-60 Minuten, rote Linsen 30 Minuten. Garzeiten im Dampftopf: Linsen 8-10 Minuten, Bohnen 12-15 Minuten.

Leinöl

Dieses Pflanzenöl enthält ca. 58 Prozent Alpha-Linolensäure (ALA), eine Ω-3-Fettsäure. Wird ALA regelmäßig eingenommen, dann wird die Bildung von Entzündungsbotenstoffen messbar gehemmt. Auf Grund des hohen Anteils an mehrfach ungesättigten Fettsäuren ist das Leinöl sehr wärme-, licht- und luftempfindlich. Es sollte daher im Kühlschrank aufbewahrt und innerhalb weniger Wochen verbraucht werden. Bei längerer Lagerung bekommt es einen ranzigen und bitteren Beigeschmack.
Bekannt ist Leinöl in Kombination mit Quark (als Budwig-Creme) zu Pellkartoffeln. Durch seinen nussigen Geschmack verfeinert es aber auch Salate. Weitere gute Quellen für ALA sind Walnussöl, Weizenkeimöl, Rapsöl und Sojaöl.

Die Zwiebel

Die schwefelhaltigen ätherischen Öle, die uns beim Schälen und Schneiden der Zwiebeln die Tränen in die Augen treiben, haben die gleiche Reizwirkung auf alle inneren Schleimhäute und die Verdauungsdrüsen. Sulfide verflüchtigen sich allerdings recht schnell, deshalb sollten die Zwiebeln kurz vor der Verwendung geschnitten und am besten roh verzehrt werden. Die Zwiebel hat eine stark entzündungshemmende Wirkung.

Gemüse-Auflauf

Zutaten für 2 Portionen

1/2	*Gemüsezwiebel, geschält (120 g)*
1	*Aubergine, geputzt (250 g)*
1	*Zucchini, geputzt (200 g)*
1	*Tomate, geputzt (110 g)*
3	*Kartoffeln, vorgekocht und gepellt (300 g)*
1 EL	*Olivenöl (10 g)*
2 EL	*Margarine, ungehärtet (20 g)*
2 EL	*Vollkornmehl (30 g)*
250 ml	*Milch (1,5 % Fett)*
100 ml	*Gemüsebrühe*
	Salz
	Pfeffer, gemahlen
1	*Zweig Rosmarin*
5	*Salbeiblätter*
40 g	*Bergkäse, gerieben*

Pro Portion

480	kcal
19 g	Eiweiß
23 g	Fett
47 g	Kohlenhydrate
11 g	Ballaststoffe

Zubereitung

- Gemüse in Scheiben schneiden, die Auberginenscheiben von beiden Seiten im Öl braten.
- Für die Soße die Margarine zerlassen, das Mehl darin anschwitzen, mit Milch und Gemüsebrühe ablöschen. Ca. 3 Minuten köcheln lassen.
- Mit Salz und Pfeffer würzen.
- Eine Auflaufform mit etwas Soße ausgießen und die Kartoffelscheiben einschichten, Kräuter darauf geben und mit der Hälfte der Soße übergießen. Das andere Gemüse schuppenförmig darauf verteilen und mit der restlichen Soße bedecken.
- Den Auflauf mit Käse bestreuen und ca. 30 Minuten bei 200 °C überbacken.

Hirsotto

Zutaten für 2 Portionen

1	*Zwiebel, geschält (80 g)*
1	*Knoblauchzehe, geschält*
50 g	*Lauch, geputzt*
2	*Möhren, geputzt (150 g)*
1 EL	*Margarine, ungehärtet (10 g)*
150 g	*Hirse, ganz*
450 g	*Gemüsebrühe*
1	*Lorbeerblatt*
	Salz
	Pfeffer, frisch gemahlen
2 EL	*Petersilie, gehackt*

Zubereitung

- Zwiebel fein würfeln, Knoblauch pressen, den Lauch halbieren und in Streifen, die Möhren in kleine Würfel schneiden.
- Die Margarine erhitzen und das Gemüse darin andünsten.
- Hirse heiß abwaschen, zugeben und einige Minuten mitdünsten.
- Mit heißer Gemüsebrühe aufgießen, Lorbeerblatt zugeben und aufkochen lassen. Bei geschlossenem Deckel etwa 10 Minuten leicht köcheln und 20 Minuten nachquellen lassen.
- Mit Salz und Pfeffer abschmecken und mit Petersilie bestreuen.

Pro Portion

380	*kcal*
10 g	*Eiweiß*
11 g	*Fett*
60 g	*Kohlenhydrate*
8 g	*Ballaststoffe*

Tipp

- *Hirse ist reich an Kieselsäure – gut für Haut, Haare und Nägel – und reich an Eisen.*

Backblechkartoffeln mit Leinöl-Quark

Zutaten für 2 Portionen

600 g	*Kartoffeln*
1 TL	*Olivenöl (5 g)*
1-2 TL	*Kümmel, ganz*
1-2 TL	*Kräuter der Provence*
250 g	*Speisequark, Magerstufe*
5 EL	*Milch (1,5 % Fett; 75 g)*
1 EL	*Leinöl (10 g)*
3 EL	*frische Kräuter, gehackt (z.B. Kerbel, Petersilie, Schnittlauch, Zitronenmelisse)*
	Kräutersalz

Zubereitung

- Backblech mit Öl bestreichen. Die Kartoffeln unter fließendem Wasser abbürsten, der Länge nach halbieren und die Schnittflächen mit Kümmel oder Kräutern der Provence bestreuen.
- Die Kartoffeln mit der Schnittfläche auf das Blech setzen und 30-40 Minuten bei 200°C backen.
- In der Zwischenzeit Quark, Milch und Leinöl glatt rühren, die gehackten Kräuter zum Quark geben und mit Kräutersalz abschmecken.
- Die Ofenkartoffeln zum Leinöl-Quark servieren.

Pro Portion

395	*kcal*
25 g	*Eiweiß*
9 g	*Fett*
52 g	*Kohlenhydrate*
7 g	*Ballaststoffe*

Kartoffelsalat

Zutaten für 2 Portionen

500 g	fest kochende Kartoffeln
1/2	Zwiebel, geschält (40 g)
1 TL	Senf, mittelscharf
2 EL	Gurkenwasser
50 ml	Gemüsebrühe
	Kräutersalz
	Pfeffer, frisch gemahlen
6	Cornichons (90 g)
1	Apfel, ohne Kerngehäuse (125 g)
3 EL	Schnittlauchröllchen
2 EL	Öl (20 g)

Zubereitung

- Die Kartoffeln als Pellkartoffeln kochen, abkühlen lassen, dann pellen und in Würfel schneiden. Zwiebel in feine Würfel schneiden.
- Für die Marinade die Zwiebel mit Senf, Gurkenwasser und der heißen Brühe mischen.
- Die heiße Marinade über die Kartoffelwürfel gießen und mischen.
- Mit Kräutersalz und Pfeffer würzen.
- Gewürzgurken halbieren und in Scheiben schneiden, den Apfel klein würfeln.
- Gurken, Apfel und Schnittlauch zu den Kartoffeln geben und untermischen. Zuletzt das Öl zugeben.
- Den Salat vor dem Servieren gut durchziehen lassen.

Pro Portion

320	kcal
6 g	Eiweiß
11 g	Fett
46 g	Kohlenhydrate
8 g	Ballaststoffe

Tipp

- *Öl immer zuletzt zufügen, weil es auf den Kartoffelscheiben bleibt und dadurch sich die Gewürze nicht richtig entfalten können.*
- *Kartoffelsalat ist bekömmlicher, wenn er am gleichen Tag verzehrt wird und nicht bis zum nächsten Tag aufbewahrt wird.*

Pellkartoffeln mit Grüner Soße

Zutaten für 2 Portionen

500 g	*Kartoffeln*
1	*Becher Joghurt (3,5 % Fett; 150 g)*
1	*Becher Sauerrahm (10 % Fett; 150 g)*
4 EL	*frische Kräuter, gehackt (Mischung aus Borretsch, Kerbel, Kresse, Petersilie, Pimpinelle, Sauerampfer, Schnittlauch)*
1 TL	*Senf, mittelscharf*
1 TL	*Zitronensaft, frisch gepresst*
	Salz
	Pfeffer, frisch gemahlen
2	*Eier, hart gekocht (Größe M)*
	Borretschblüten oder Kapuzinerkresse

Zubereitung

- Die Kartoffeln als Pellkartoffeln kochen.
- Den Joghurt mit dem Sauerrahm glatt rühren und dann die Kräuter-Mischung dazugeben.
- Mit Senf, Zitronensaft sowie Salz und Pfeffer abschmecken.
- Eier pellen, in Würfel schneiden und in die Soße geben.
- Die Soße mit den Blüten garnieren und zu den Kartoffeln reichen.

Pro Portion

400	kcal
17 g	Eiweiß
16 g	Fett
44 g	Kohlenhydrate
6 g	Ballaststoffe

Tipp

- *Die Kräutermischung gibt es auch tiefgefroren, sie schmeckt aber nicht so intensiv.*

Überbackene Kartoffeln

Zutaten für 2 Portionen

500 g	Kartoffeln
3	Zwiebeln (240 g)
1 EL	Olivenöl (10 g)
	Salz
	Pfeffer, frisch gemahlen
2	Zweige Thymian (oder Majoran)
75 g	Bergkäse (45 % Fett i.Tr.)
	Fett für die Auflaufform

Zubereitung

- Die Kartoffeln als Pellkartoffeln kochen.
- Zwiebeln grob hacken und den Käse reiben.
- Das Öl erhitzen und die Zwiebeln darin goldgelb dünsten.
- Die gekochten Kartoffeln pellen, in Stücke schneiden und mit den Zwiebeln mischen.
- Mit Salz, Pfeffer und den Thymianblättchen würzen.
- In eine gefettete Auflaufform (ca. 26 x 17 cm) geben und mit dem Käse bestreuen.
- Bei 200 °C ca. 30 Minuten überbacken.

Pro Portion

400	kcal
17 g	Eiweiß
17 g	Fett
43 g	Kohlenhydrate
8 g	Ballaststoffe

Polentaschnitten mit gedünstetem Gemüse

Zutaten für 2 Portionen

325 ml	*Gemüsebrühe*
100 g	*Maisgrieß*
1/2	*Gemüsezwiebel, geschält (120 g)*
1	*Paprikaschote, geputzt (160 g)*
2	*Tomaten (240 g)*
1 EL	*Olivenöl (10 g)*
2 EL	*Tomatenmark*
3 EL	*Gemüsemais (75 g)*
	Salz
	Pfeffer, frisch gemahlen
	Paprikapulver, edelsüß
1 EL	*Olivenöl zum Ausbraten*

Zubereitung

- Gemüsebrühe zum Kochen bringen, den Maisgrieß unter ständigem Rühren einstreuen und kurz aufkochen lassen.
- Den zugedeckten Brei auf der ausgeschalteten Herdplatte ca. 20 Minuten quellen lassen.
- Die Polenta ca. 2 cm dick auf ein kalt abgespültes Brettchen streichen und erkalten lassen.
- Zwiebel in Scheiben, Paprika in Streifen schneiden und die Tomaten achteln.
- Öl erhitzen und die Zwiebeln darin glasig dünsten. Tomaten, Paprika, Tomatenmark und den Mais zu den Zwiebeln geben und etwa 10 Minuten bei geschlossenem Deckel schmoren lassen
- Mit Salz, Pfeffer und Paprika kräftig abschmecken.
- Die Polenta in 4 Stücke schneiden und in heißem Fett goldbraun braten. Zusammen mit dem Gemüse servieren.

Pro Portion

385	*kcal*
10 g	*Eiweiß*
14 g	*Fett*
53 g	*Kohlenhydrate*
10 g	*Ballaststoffe*

Tipp

- *Die Polentaschnitten können Sie auch gut mit einer Pilzpfanne kombinieren.*

Rosenkohl-Auflauf

Zutaten für 2 Portionen

450 g	*Rosenkohl, geputzt*
80 g	*Schafkäse, weich*
100 ml	*Milch (1,5 % Fett)*
1	*Ei (Größe M)*
	Salz
	Pfeffer, frisch gemahlen
2	*Zweige Thyman*

Zubereitung

- Den Rosenkohl in kochendem Wasser für ca. 10 Minuten garen, abgießen, gut abtropfen lassen und in eine Auflaufform (ca. 26 x 17 cm) geben.
- Für den Guss den Schafskäse mit Milch, Ei und den Gewürzen verquirlen und dann über den Rosenkohl gießen.
- Den Auflauf ca. 30 Minuten bei 200 °C überbacken.

Pro Portion

240	*kcal*
22 g	*Eiweiß*
12 g	*Fett*
10 g	*Kohlenhydrate*
10 g	*Ballaststoffe*

Tipp

- *Anstelle von Rosenkohl eignen sich auch Kohlrabischeiben, Paprikastreifen oder Zucchinischeiben.*

Ratatouille

Zutaten für 2 Portionen

3	*Tomaten (500 g)*
1	*Aubergine, geputzt (250 g)*
1	*Zucchini, geputzt (250 g)*
1	*rote Paprika, geputzt (140 g)*
2	*Zwiebeln, geschält (130 g)*
2	*Knoblauchzehen, geschält*
2 EL	*Olivenöl (20 g)*
1	*Lorbeerblatt*
2	*Zweige Rosmarin*
2	*Zweige Thymian*
	Kräutersalz
	Pfeffer, frisch gemahlen

Zubereitung

- Die Tomaten mit kochendem Wasser überbrühen, häuten und achteln. Aubergine und Zucchini grob würfeln, die Paprika in Streifen schneiden. Die Zwiebeln grob, den Knoblauch fein würfeln.
- Das Öl erhitzen, Zwiebeln und Knoblauch darin andünsten.
- Das vorbereitete Gemüse mit den Kräutern zugeben und verrühren. Mit Kräutersalz und Pfeffer würzen.
- Das Gemüse aufkochen und zugedeckt bei geringer Hitze ca. 30 Minuten schmoren lassen.

Pro Portion

210	*kcal*
8 g	*Eiweiß*
12 g	*Fett*
18 g	*Kohlenhydrate*
11 g	*Ballaststoffe*

Tipp

- *Mit Backblechkartoffeln, Pellkartoffeln oder Naturreis servieren.*

Reis mit Pilzen

Zutaten für 2 Portionen

15 g	*Steinpilze, getrocknet*
	Wasser
125 g	*Naturreis*
	Wasser
1	*Zwiebel, geschält (80 g)*
1	*Stange Lauch, geputzt (100 g)*
400 g	*Champignons, geputzt*
1 EL	*Margarine, ungehärtet (10 g)*
40 g	*Frischkäse mit Kräutern, Doppelrahmstufe*
	Salz
	Pfeffer, frisch gemahlen
1 EL	*Petersilie, gehackt*

Zubereitung

- Die getrockneten Steinpilze mit Wasser bedecken und einige Stunden einweichen.
- Den Reis in gut der doppelten Menge Wasser 30-40 Minuten köcheln lassen.
- Zwiebel würfeln, Lauch halbieren und in Streifen schneiden. Die Champignons je nach Größe vierteln oder achteln.
- Margarine erhitzen und das vorbereitete Gemüse darin andünsten.
- Die Steinpilze mit dem Einweichwasser zufügen und alles ca. 10 Minuten bei geschlossenem Deckel köcheln lassen.
- Pilze, gegarten Reis und Frischkäse mischen, mit Salz und Pfeffer würzen.
- Zum Schluss die Petersilie darüber streuen.

Pro Portion

370	*kcal*
15 g	*Eiweiß*
11 g	*Fett*
52 g	*Kohlenhydrate*
11 g	*Ballaststoffe*

Sauerkraut-Auflauf mit roten Kidneybohnen

Zutaten für 2 Portionen

150 g	*Kidneybohnen, getrocknet*
	Wasser
	Salz oder körnige Gemüsebrühe
1	*Zwiebel, geschält (100 g)*
1 EL	*Olivenöl (10 g)*
250 g	*Sauerkraut (roh, nicht pasteurisiert)*
1	*Apfel, geputzt (160 g)*
1 EL	*Schlagsahne (30 % Fett)*
50 g	*Hartkäse (30 % Fett i. Tr.)*
1	*Scheibe Pumpernickel (50 g)*
	Fett für die Auflaufform

Zubereitung

- Kidneybohnen über Nacht in der 4-fachen Menge warmem Wasser einweichen. Am nächsten Tag die Bohnen im Einweichwasser ohne Salz ca. 60 Minuten kochen, mit Salz oder Gemüsebrühe würzen.
- Zwiebel fein würfeln, den Käse reiben und das Brot zerkrümeln.
- Das Öl erhitzen und die Zwiebeln darin glasig dünsten. Abgetropfte Bohnen mit den Zwiebeln mischen und in eine gefettete Auflaufform geben.
- Sauerkraut mit der Flüssigkeit erhitzen (evtl. etwas Wasser zugeben), Apfel grob reiben und zusammen mit der flüssigen Sahne zum Kraut geben. Die Sauerkrautmasse aufkochen, für 15 Minuten garen und dann über die Bohnen schichten.
- Brotkrumen und geriebenen Käse mischen und über den Auflauf streuen. Bei 200 °C ca. 20 Minuten überbacken.

Pro Portion

395	*kcal*
25 g	*Eiweiß*
15 g	*Fett*
39 g	*Kohlenhydrate*
19 g	*Ballaststoffe*

Tipp

- *Mit 375 g abgetropften Kidneybohnen aus der Dose geht es schneller.*
- *Salz verhindert das Ausquellen der Bohnen, daher immer erst nach dem Kochen zugeben, sonst werden die Bohnen nicht richtig weich.*

Gefüllte Zucchini mit Tomatensoße

Zutaten für 2 Portionen

75 g	Grünkern
150 ml	Gemüsebrühe
2	Zucchini, geputzt (400 g)
1/2	Zwiebel, geschält (40 g)
1	Knoblauchzehe, geschält
2 EL	Kürbiskerne (20 g)
1 TL	Öl (5 g)
	Salz
	Pfeffer, frisch gemahlen
	Majoran, getrocknet
40 g	Hartkäse (30 % Fett i.Tr.)

Zubereitung

- Grünkern grob schroten, ohne Fettzugabe kurz in der Pfanne anrösten (nicht braun werden lassen). Mit der Gemüsebrühe ablöschen, aufkochen und 10 Minuten quellen lassen.
- Zucchini längs halbieren, aushöhlen, das Fruchtfleisch fein hacken. Zwiebel und Knoblauch fein würfeln, den Käse reiben.
- Das Öl erhitzen, vorbereitetes Gemüse und Kürbiskerne darin andünsten. Die Getreidemasse mit dem Gemüse mischen und mit den Gewürzen kräftig abschmecken.
- Die Zucchinihälften mit der Masse füllen, mit geriebenem Käse bestreuen. Die vorbereitete Tomatensoße in eine Auflaufform geben und die gefüllten Zucchini hineinsetzen.
- 30 Minuten bei 200°C überbacken.

Pro Portion

330	kcal
18 g	Eiweiß
15 g	Fett
31 g	Kohlenhydrate
7 g	Ballaststoffe

Variation

- *Statt der Zucchini 2 rote oder gelbe Paprika, geputzt (280 g) halbieren und mit der Grünkernmasse füllen.*

Tomaten-Soße

Zutaten für 2 Portionen

4-5	*Tomaten (550 g)*
1 EL	*Olivenöl (10 g)*
1	*Zwiebel, geschält (90 g)*
1-2	*Knoblauchzehen, geschält*
1 EL	*Tomatenmark*
	einige Basilikumblätter
	Salz
	Pfeffer, frisch gemahlen

Zubereitung

- Tomaten mit kochendem Wasser überbrühen, häuten und in kleine Stücke schneiden. Zwiebel und Knoblauch in Würfel schneiden, die Basilikumblätter hacken.
- Das Öl erhitzen, Zwiebeln und Knoblauch darin goldgelb dünsten. Tomatenstücke und Tomatenmark dazugeben, aufkochen und bei geringer Hitze schmoren lassen.
- Die Tomatensoße mit Basilikum, Salz und Pfeffer abschmecken.

Pro Portion

110	*kcal*
4 g	*Eiweiß*
6 g	*Fett*
11 g	*Kohlenhydrate*
4 g	*Ballaststoffe*

Tipp

- *Die Tomatensoße kann auch zu Vollkornnudeln, Naturreis oder den Grünkernbratlingen (siehe Rezept S. 117) serviert werden.*

Schafskäsetaschen

Zutaten für 2 Portionen

150 g	Weizen-Vollkornmehl
1	Prise Salz
1/4	Würfel Hefe (10 g)
	etwas Honig
90 ml	lauwarmes Wasser
1/2	Zwiebel, geschält (40 g)
1	Knoblauchzehe, geschält
1/2	rote Paprika, geputzt (80 g)
1 TL	Olivenöl (5 g)
125 g	weicher Schafskäse
1-2 EL	Joghurt (3,5 % Fett; 20-40 g)
2 EL	glatte Petersilie, gehackt

Zubereitung

- Mehl und Salz mischen. Hefe mit Honig und warmem Wasser verrühren, das Mehl zugeben und alles 10 Minuten kneten. Den Teig abgedeckt an einem warmen Ort gehen lassen, bis er sich verdoppelt hat.
- Zwiebel und Knoblauch fein hacken, die Paprika in feine Würfel schneiden. Das Öl erhitzen und das vorbereitete Gemüse darin andünsten.
- Den Schafskäse mit einer Gabel zerdrücken, mit Joghurt, gedünstetem Gemüse und gehackter Petersilie mischen.
- Backofen auf 200°C vorheizen und eine mit Wasser gefüllte Fettpfanne unten in den Ofen stellen.
- Teig nochmals gut durchkneten, dünn ausrollen und in 4 gleich große Stücke schneiden. Die Füllung gleichmäßig auf die Mitte der Teigstücke verteilen, Ecken zusammenklappen und Ränder mit der Gabel andrücken.
- Die Taschen etwa 25 Minuten lang bei 200 °C backen.

Pro Portion

440	kcal
21 g	Eiweiß
17 g	Fett
49 g	Kohlenhydrate
9 g	Ballaststoffe

Gegrillter Feta

Zutaten für 2 Portionen

2-4	*getrocknete Tomaten*
	Wasser
1	*Knoblauchzehe, geschält*
1 TL	*Olivenöl (5 g)*
	Kräuter der Provence
2	*Scheiben Feta (200 g)*
	Alufolie

Zubereitung

- Tomaten ca. 2 Stunden mit Wasser bedeckt einweichen.
- Den Knoblauch fein würfeln, mit Öl und Kräutern verrühren.
- Käsescheiben einzeln auf Alufolie legen, die Knoblauchwürfel mit dem Öl gleichmäßig darauf verteilen.
- Tomaten ausdrücken und drübergeben.
- Den Käse mit der Alufolie verschließen, etwa 10-15 Minuten grillen, dann aus der Folie nehmen und sofort servieren.

Pro Portion

275	*kcal*
18 g	*Eiweiß*
21 g	*Fett*
2 g	*Kohlenhydrate*
1 g	*Ballaststoffe*

Gemüsespieße

Zutaten für 4 Spieße

12	*Champignons, geputzt (240 g)*
1	*Zucchini, geputzt (200 g)*
1	*rote Paprika, geputzt (150 g)*
2	*Tomaten (240 g)*
1/2	*Gemüsezwiebel (120 g)*
2 EL	*Olivenöl (20 g)*
1 TL	*Sojasoße*
	Kräuter der Provence
4	*Schaschlikspieße*

Zubereitung

- Die Zucchini in Scheiben schneiden, Paprika, Tomaten und Gemüsezwiebel in Stücke.
- Das Gemüse abwechselnd auf 4 Spieße aufstecken.
- Öl mit der Sojasoße verrühren und die Gemüsespieße von beiden Seiten damit bestreichen.
- Mit den Kräutern bestreuen.
- Die Spieße etwa 6 Minuten von jeder Seite grillen.

Pro Spieß

95kcal
4 g Eiweiß
6 g Fett
7 g Kohlenhydrate
4 g Ballaststoffe

Tipp

- *Das Gemüse in gleich große Stücke schneiden, damit sie gleichmäßig aufliegen.*

Fischspieße

Zutaten für 4 Spieße

250 g	*Fischfilet*
1 TL	*Zitronensaft, frisch gepresst*
	Salz
1	*rote Paprika, geputzt (120 g)*
2	*Tomaten (320 g)*
1	*Zucchini, geputzt (200 g)*
2 EL	*Olivenöl (20 g)*
1 EL	*Kräuteressig*
1 EL	*Sojasoße*
	Pfeffer, frisch gemahlen
	Kräuter der Provence
4	*Schaschlikspieße*

Zubereitung

- Das Fischfilet in 12 Stücke schneiden, im Zitronensaft mit etwas Salz wenden.
- Paprika und Tomaten in Stücke, die Zucchini in Scheiben schneiden.
- Abwechselnd Fischwürfel, Paprika- und Tomatenstücke sowie die Zucchinischeiben auf 4 Spieße stecken.
- Aus Öl, Essig, Sojasoße, Pfeffer und Kräutern eine Marinade rühren.
- Die Fischspieße von beiden Seiten bestreichen und 1 Stunde im Kühlschrank durchziehen lassen.
- Die Spieße 6 Minuten von jeder Seite grillen.

Pro Spieß

150	*kcal*
14 g	*Eiweiß*
8 g	*Fett*
6 g	*Kohlenhydrate*
3 g	*Ballaststoffe*

Obstspieße

Zutaten für 4 Spieße

1	*Banane, geschält*
2	*Kiwi, geschält*
1	*Pfirsich, entkernt*
8	*Erdbeeren*
4	*Schaschlikspieße*

Zubereitung

- Die Banane in Scheiben, Kiwis und Pfirsich in Stücke schneiden.
- Das Obst abwechselnd auf 4 Spieße stecken.
- Unter mehrmaligem Wenden etwa 3 Minuten von jeder Seite grillen.

Pro Spieß

80 kcal
1 g Eiweiß
0 g Fett
16 g Kohlenhydrate
4 g Ballaststoffe

Tipp

- *Die Spieße sind auch roh sehr lecker.*

Fisch-Ragout mit Vollkornreis

Zutaten für 2 Portionen

100 g	Vollkorn-Reis
125 g	Lachsfilet
75 g	Rotbarschfilet
1 TL	Zitronensaft, frisch gepresst
	Salz
1 EL	Olivenöl (10 g)
1/2	Zwiebel, geschält (40 g)
1/2	kleine Stange Lauch, geputzt (75 g)
100 g	Champignons, geputzt
100 g	Mungobohnen-sprossen
250 ml	Gemüsebrühe
1 EL	Weizen-Vollkornmehl
	Salz
	Pfeffer, frisch gemahlen
1 TL	Sojasoße

Zubereitung

- Reis in gut der doppelten Menge Wasser 30 bis 40 Minuten garen.
- Fischfilets mit Küchenkrepp trocken tupfen und in fingerdicke Würfel schneiden, mit Zitronensaft beträufeln und salzen.
- Zwiebel fein würfeln, den Lauch halbieren und in Streifen schneiden, die Pilze in kleine Stücke.
- Das Öl erhitzen, die Fischstücke unter Wenden darin anbraten.
- Den Fisch herausnehmen, Zwiebel und Lauch im Öl andünsten. Champignons sowie Sprossen zufügen und kurz mitdünsten.
- Die Gemüsebrühe angießen, aufkochen und bei geschlossenem Deckel 10 Minuten leicht köcheln lassen. Mit Mehl bestäuben und verrühren, um das Ragout leicht anzudicken.
- Die Fischstücke vorsichtig unterheben, mit Salz, Pfeffer und Sojasoße abschmecken.
- Das Fisch-Ragout mit dem Reis servieren.

Pro Portion

440	kcal
29 g	Eiweiß
15 g	Fett
48 g	Kohlenhydrate
6 g	Ballaststoffe

Eingelegte Heringe Hausfrauenart

Zutaten für 2 Portionen

2	Zwiebeln, geschält (175 g)
1	Becher Joghurt (3,5 % Fett; 150 g)
1	Becher saure Sahne (10 % Fett; 150 g)
1	Apfel, ohne Kerngehäuse (120 g)
120 g	Gewürzgurken
10	Wacholderbeeren
3	Lorbeerblätter
	Pfeffer, frisch gemahlen
2	Matjesfilets (ca. 160 g)

Zubereitung

- Zwiebeln halbieren und in Scheiben schneiden. Apfel und Gewürzgurken in kleine Würfel schneiden.
- Zwiebeln in wenig Wasser bissfest dünsten, herausnehmen und abkühlen lassen.
- Joghurt mit der sauren Sahne glatt rühren, Apfel, Gurken und Zwiebeln unterrühren. Wacholderbeeren und Lorbeerblätter dazugeben, mit Pfeffer würzen.
- Die Matjesfilets unter kaltem Wasser abspülen, mit Küchenpapier trockentupfen und in die Soße einlegen. Einen Tag in der Soße ziehen lassen, dabei mehrmals wenden.

Pro Portion

370	kcal
21 g	Eiweiß
23 g	Fett
17 g	Kohlenhydrate
3 g	Ballaststoffe

Tipp

- *Die eingelegten Heringe mit Pellkartoffeln servieren.*

Lachs-Lasagne

Zutaten für 2 Portionen

6	*Vollkorn-Lasagneplatten ohne Ei*
300 g	*Blattspinat, geputzt (oder 200 g Blattspinat und 100 g junge Brennnesselspitzen)*
1	*Zwiebel, geschält (80 g)*
1	*Knoblauchzehe, geschält*
1 EL	*Olivenöl (10 g)*
	Salz
	Pfeffer, frisch gemahlen
	Muskatnuss, frisch gerieben
2 EL	*Margarine, ungehärtet (20 g)*
2 EL	*Vollkornmehl (30 g)*
250 ml	*Milch (1,5 % Fett)*
100 ml	*Gemüsebrühe*
150 g	*Lachsfilet*
30 g	*Parmesan am Stück*

Zubereitung

- Den frischen Spinat (eventuell mit Brennnesselspitzen) kurz blanchieren und auf einem Schaumlöffel abtropfen lassen.
- Zwiebel und Knoblauch fein hacken und im Öl goldgelb dünsten. Den Spinat dazugeben und kurz mitdünsten. Mit Salz, Pfeffer und Muskat würzen.
- Für die Soße die Margarine zerlassen, das Mehl darin anschwitzen und unter Rühren mit Milch und Gemüsebrühe ablöschen. Danach etwa 3 Minuten köcheln lassen.
- Das Lachsfilet in Streifen schneiden und den Käse reiben.
- Die Zutaten in eine Lasagne-/ Auflaufform (ca. 26 x 17 cm) schichten wie folgt: 1/4 der Soße, 2 Lasagneblätter, 1/2 Spinatmasse, Lachs, 1/4 der Soße, 2 Lasagneblätter, 1/2 Spinatmasse, 1/4 der Soße, 2 Lasagneblätter, 1/4 der Soße, Parmesan.
- Bei 200 °C ca. 30 bis 40 Minuten backen.

Pro Portion

575	*kcal*
36 g	*Eiweiß*
26 g	*Fett*
47 g	*Kohlenhydrate*
12 g	*Ballaststoffe*

Tipp

- *Die Lasagneblätter müssen immer mit Soße bedeckt sein, sonst bleiben sie hart.*

Schollen-Röllchen

Zutaten für 2 Portionen

200 g	*grüne Vollkorn-Bandnudeln*
4	*Schollenfilets (250 g)*
1 EL	*Zitronensaft, frisch gepresst*
	Salz
	Pfeffer, frisch gemahlen
	Zahnstocher
1	*Zwiebel, geschält (60 g)*
1 EL	*Zitronensaft, frisch gepresst*
2	*Lorbeerblätter*
8	*Pfefferkörner*
1 EL	*Margarine, ungehärtet (10 g)*
2 EL	*Hirse-Mehl (20 g)*
2	*Messerspitzen Safran, gemahlen*
100 ml	*Milch (1,5 % Fett)*
	Kräutersalz

Pro Portion

550	kcal
39 g	Eiweiß
10 g	Fett
75 g	Kohlenhydrate
12 g	Ballaststoffe

Zubereitung

- Die Nudeln nach Packungsanleitung in Salzwasser garen. Fischfilets mit Küchenkrepp trocken tupfen, mit Zitronensaft beträufeln und mit Salz und Pfeffer bestreuen. Die gewürzten Fischfilets aufrollen und mit Zahnstochern feststecken.
- Zwiebel halbieren, eine Hälfte in Spalten schneiden und die andere fein hacken.
- Für den Sud 250 ml Wasser mit den Zwiebelspalten, Lorbeerblättern, Pfefferkörnern und Zitronensaft aufkochen. Den Fisch bei geringer Hitze ca. 10 Minuten im Sud ziehen lassen, dann herausnehmen und warm stellen.
- Für die Soße die gehackte Zwiebel in der Margarine andünsten und mit Hirse-Mehl und Safran bestreuen. Mit Milch und 200 ml Fischsud ablöschen, aufkochen und 3 Minuten köcheln lassen. Mit Salz abschmecken.
- Die Fisch-Röllchen mit Bandnudeln und Safransoße anrichten.

Aprikosen-Creme

Zutaten für 2 Portionen

100 g	getrocknete Aprikosen, ungeschwefelt
1/2	Zitrone, unbehandelt
1-2	Vanilleschoten
200 g	Joghurt (1,5 % Fett)
2	Blätter Zitronenmelisse
1 EL	Mandelblättchen (7 g)

Zubereitung

- Aprikosen mit der Schale und dem Saft der Zitrone über Nacht in 100 ml Wasser einweichen.
- Die eingeweichten Aprikosen fein pürieren. Vanilleschoten aufschlitzen, Mark herauskratzen und mit dem Aprikosenpüree mischen.
- Den Joghurt mit einem Schneebesen unterheben.
- Die Creme in 2 Schälchen füllen, mit Zitronenmelisse und Mandelblättchen garnieren.

Pro Portion

205	kcal
7 g	Eiweiß
4 g	Fett
32 g	Kohlenhydrate
6 g	Ballaststoffe

Bananen-Sorbet

Zutaten für 2 Portionen

3	*Bananen, geschält (390 g)*
1/2 -1 EL	*Zitronensaft, frisch gepresst*
1/2 TL	*Vanille, gemahlen*
1 EL	*Honig (20 g)*
50 g	*Himbeeren*

Zubereitung

- Bananen in Stücke brechen und in einer Schüssel für 5 Stunden in den Tiefkühlschrank stellen.
- Die Bananenstücke antauen lassen und im Mixbecher pürieren, sodass eine weißliche Eiscreme entsteht.
- Mit Zitronensaft, Vanille und – je nach Süße der Bananen – mit Honig abschmecken.
- Das fertige Sorbet in Schalen füllen und für 30 Minuten gefrieren lassen.
- Mit den Himbeeren garnieren.

Pro Portion

240	*kcal*
3 g	*Eiweiß*
0 g	*Fett*
55 g	*Kohlenhydrate*
4 g	*Ballaststoffe*

Tipp

- *Anstelle der Bananen können Sie auch angefrorene Aprikosen verwenden.*

Bratäpfel

Zutaten für 2 Portionen

2	*säuerliche Äpfel, z.B. Boskop (400 g)*
1 EL	*Rosinen (15 g)*
1 EL	*Mandelstifte (15 g)*
	Zimt, gemahlen

Zubereitung

- Mit einem Apfelausstecher das Kerngehäuse der Äpfel ausstechen.
- Rosinen mit den Mandelstiften mischen und die Äpfel damit füllen.
- Gefüllte Äpfel in eine kleine Auflaufform stellen, mit Zimt bestreuen.
- Ca. 20 Minuten bei 200 °C braten.

Pro Portion

170	kcal
2 g	Eiweiß
5 g	Fett
28 g	Kohlenhydrate
6 g	Ballaststoffe

Tipp

- *Dazu passt heiße Vanillesoße sehr gut.*

Carob-Quark mit Kirschen

Zutaten für 2 Portionen

250 g	Speisequark, Magerstufe
5 EL	Milch (1,5 % Fett; 75 ml)
1-2 EL	Honig (30 g)
1 EL	Carob (10 g)
1	Messerspitze Vanille, gemahlen
150 g	Kirschen, entsteint

Zubereitung

- Den Quark mit der Milch glatt rühren.
- Mit Honig süßen und mit Carobpulver und Vanille abschmecken.
- Die Kirschen in zwei Dessertschalen verteilen.
- Den Carob-Quark darüber geben.

Pro Portion

205	kcal
19 g	Eiweiß
1 g	Fett
27 g	Kohlenhydrate
4 g	Ballaststoffe

Tipp

- *Statt mit Kirschen kann man den Quark auch mit Orangenstückchen anrichten.*

Trockenobst

Durch den Trocknungsvorgang werden die Nährstoffe in den Früchten konzentriert. Dieses Obst hat zwar einen hohen Kaloriengehalt (ca. 250 kcal pro 100 g), enthält aber auch Ballaststoffe und Mineralien in konzentrierter Form. Trockenpflaumen besitzen zudem eine darmanregende Wirkung.

Um die helle Farbe der Früchte (z. B. bei Äpfeln, Aprikosen, Birnen) zu erhalten werden diese häufig geschwefelt. Schwefeldioxid kann jedoch Vitamin B1 (Thiamin) zerstören und steht im Verdacht, als Co-Karzinogen zu wirken. Außerdem reagieren empfindliche Menschen schon auf minimale Mengen mit Übelkeit, Kopfschmerzen und Durchfall. Achten Sie daher beim Einkauf auf den Zusatz „ungeschwefelt".

Der Apfel

Wer kennt nicht das englische Sprichwort: „One apple a day keeps the doctor away" (1 Apfel am Tag hält den Arzt fern). Sieht man sich eine Nährwerttabelle an, so scheint der Apfel nichts Besonderes zu sein. Er enthält nur wenig Eiweiß und Fett sowie durchschnittliche Gehalte an Vitaminen und Mineralstoffen. Bei genauerer Betrachtung fallen allerdings die Flavonoide und das Pektin ins Auge.

Der Ballaststoff Pektin hat eine Heil- und Schutzwirkung auf den Darm. So hat sich zum Beispiel der Verzehr von Äpfeln zur Stuhlregulierung bewährt. Bei Verstopfung wird der Apfel mit Schale gegessen, bei Durchfall der fein geriebene Apfel.

Besonders herausragend ist der hohe Gehalt an dem Flavonoid Quercetin (3,5 mg/ 100 g). Quercetin gilt als eines der stärksten in Lebensmitteln vorkommenden natürlichen Antioxidanzien. Es befindet sich hauptsächlich in den Blättern und im äußeren Gewebe der Früchte. Während der Lagerung nimmt sein Gehalt ab und beim Kochen wird es zerstört. Weitere gute Quellen für Quercetin sind Zwiebeln, Kohlarten, Beeren und Tee.

Da die besten Inhaltsstoffe direkt unter der Schale sitzen, sollten Sie einheimische Bio-Äpfel bevorzugen und diese mit Schale genießen.

Süßes Hirsedessert

Zutaten für 2 Portionen

4	*Pflaumen, getrocknet (40 g)*
75 g	*Hirse, ganz*
200 ml	*Milch (1,5 % Fett)*
200 ml	*Wasser*
1	*Prise Salz*
1 EL	*Honig (20 g)*
1	*Messerspitze Zimt, gemahlen*

Zubereitung

- Die getrockneten Pflaumen klein schneiden.
- In wenig heißem Wasser für 2 Stunden einweichen.
- Hirse heiß abwaschen, mit Milch und Wasser unter Rühren aufkochen, salzen.
- Ca. 30 Minuten bei geschlossenem Deckel köcheln lassen, dabei gelegentlich umrühren. Anschließend mit Honig süßen.
- Den Hirsebrei in zwei Dessertschalen füllen.
- Mit Zimt bestreuen und die Pflaumenstückchen darüber geben.

Pro Portion

260 kcal
8 g Eiweiß
3 g Fett
49 g Kohlenhydrate
3 g Ballaststoffe

Joghurt-Eis

Zutaten für 2 Portionen

200 g	Himbeeren, tiefgekühlt (oder Erdbeeren)
2-3 EL	Honig (50 g)
1/2 TL	Vanille, gemahlen
200 g	Joghurt (3,5 % Fett)

Zubereitung

- Den Honig über die gefrorenen Beeren geben und antauen lassen.
- Beeren mit Vanille im Mixbecher pürieren, dann den Joghurt vorsichtig mit dem Schneebesen unterziehen.
- Die Eiscreme abgedeckt für 4 Stunden in den Tiefkühlschrank stellen, zwischendurch einige Male umrühren.
- Eis in zwei Schälchen verteilen.

Pro Portion

180	kcal
5 g	Eiweiß
4 g	Fett
28 g	Kohlenhydrate
7 g	Ballaststoffe

Tipp

- *Probieren Sie das Eis auch einmal mit gefrorenen Kirschen, Brombeeren .....*

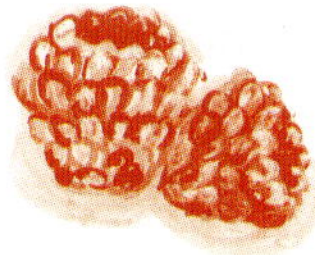

Rote Grütze mit Vanillequark

Zutaten für 2 Portionen

125 g	Himbeeren, tiefgekühlt
100 g	Erdbeeren, tiefgekühlt
75 g	Johannisbeeren, tiefgekühlt (alternativ: Heidelbeeren oder Sauerkirschen)
1 EL	Honig (20 g)
1 EL	Speisestärke
125 g	Speisequark, Magerstufe
3 EL	Milch (1,5 % Fett; 45 g)
1 EL	Honig (20 g)
1	Vanilleschote

Zubereitung

- Tiefgefrorene Beeren zusammen mit 100 ml Wasser und Honig aufkochen. Die Stärke in einem Esslöffel kaltem Wasser anrühren und die Beeren damit andicken.
- Die Grütze in zwei Dessertschalen füllen und abkühlen lassen.
- Den Quark mit der Milch glatt rühren und dem Honig süßen. Vanilleschote aufschlitzen, das Mark herauskratzen und den Quark damit abschmecken.
- Den Vanillequark auf die Rote Grütze geben.

Pro Portion

190	kcal
11 g	Eiweiß
1 g	Fett
32 g	Kohlenhydrate
8 g	Ballaststoffe

Gefüllte Orangen

Zutaten für 2 Portionen

60 g	Trockenobst (z.B. Aprikosen und Pflaumen), ungeschwefelt
10 g	Walnusskerne
	Vanille, gemahlen
1/2	Zitrone, unbehandelt (Schale)
2	Orangen, geschält (320 g)
4	Walnusshälften (5 g)

Zubereitung

- Das Trockenobst über Nacht in Wasser einweichen, dann die restliche Flüssigkeit abgießen und das Obst pürieren.
- Die Walnüsse hacken und zum Obstmus hinzugeben.
- Mit Vanille und Zitronenschale abschmecken.
- Die Orangen gegen die Schnitze halbieren.
- Die Creme auf die Mitte der Orangenhälften geben und mit den Walnusshälften verzieren.

Pro Portion

210	kcal
3 g	Eiweiß
5 g	Fett
35 g	Kohlenhydrate
6 g	Ballaststoffe

Käsekuchen (ohne Boden)

Zutaten für 8 Stück

125 g	Margarine, ungehärtet
100 g	Honig
3	Eier (Größe M)
500 g	Speisequark, Magerstufe
1/2	Zitrone, unbehandelt
1	Päckchen Vanillepuddingpulver
	Vanille, gemahlen
1 TL	Margarine, ungehärtet zum Einfetten
1 EL	Semmelbrösel für die Form

Zubereitung

- Die Eier trennen und die Eiweiße sehr steif schlagen.
- Margarine mit Honig und den Eigelben schaumig rühren.
- Den Quark, Saft und Schale der Zitrone, das Puddingpulver und Vanille zugeben, alles gut verrühren. Zum Schluss den Eischnee unterziehen.
- Den Boden einer Springform (Durchmesser 18 cm) einfetten, mit den Semmelnbröseln ausstreuen und die Quarkmasse einfüllen.
- Den Kuchen ca. 90 Minuten bei 140 °C backen danach für ca. 30 Minuten im abgeschalteten (geschlossenen) Backofen stehen lassen.
- Den Kuchen vorsichtig vom Rand lösen und über Nacht auf dem Boden auskühlen und fest werden lassen.

Pro Stück

260	kcal
11 g	Eiweiß
15 g	Fett
18 g	Kohlenhydrate
0 g	Ballaststoffe

Apfelkuchen mit Streuseln (Hefe-Teig)

Zutaten für 8 Stück

Teig

200 g	Weizen-Vollkornmehl
1/2	Zitrone, unbehandelt (Schale)
1	Prise Salz
125 ml	Milch (1,5 % Fett)
15 g	Hefe
1 TL	Honig (10 g)
1 EL	Sonnenblumenöl (10 g)

Belag

500 g	Äpfel, geschält und ohne Kerngehäuse
150 g	Weizen-Vollkornmehl
1	Messerspitze Vanille, gemahlen
1	Messerspitze Zimt, gemahlen
2 1/2 -EL	Honig (50 g)
60 g	Margarine, ungehärtet

Zubereitung

- Mehl, abgeriebene Zitronenschale und Salz mischen. Warme Milch mit Hefe und Honig verrühren. Mehl und Öl zugeben und dann 10 Minuten kräftig durchkneten.
- Den Teig zugedeckt an einem warmen Ort gehen lassen, bis er sich verdoppelt hat (ca. 30 Minuten).
- Für die Streusel das Mehl mit Vanille und Zimt mischen, dann mit Honig und Margarine zur krümeligen Masse verarbeiten.
- Eine Springform (Durchmesser 18 cm) mit Backpapier auslegen.
- Den Teig nach dem Gehen kurz durchkneten, ausrollen und in die Springform geben und noch mal 10 Minuten gehen lassen.
- Die Äpfel in Schnitze schneiden und gleichmäßig auf dem Teig verteilen, die Streusel über den Kuchen krümeln. Etwa 40 Minuten bei 175 °C backen.

Pro Stück

265	kcal
6 g	Eiweiß
9 g	Fett
40 g	Kohlenhydrate
6 g	Ballaststoffe

Tipp

- *Statt der Äpfel entsteinte Zwetschgen, geputzte Rhabarberstücke oder Birnenschnitze verwenden.*

Apfelkuchen (Rührteig)

Zutaten für 8 Stück

75 g	Margarine, ungehärtet
50 g	Honig
2	Eier (Größe M)
125 g	Weizen-Vollkornmehl
1 TL	Backpulver
1	Prise Salz
1/2 TL	Vanille, gemahlen
2	Äpfel, geschält und ohne Kerngehäuse (240 g)
1-2 EL	Sonnenblumenkerne (15 g)

Zubereitung

- Margarine schaumig rühren, Honig und Eier dazugeben.
- Mehl mit Backpulver, Salz und Vanille mischen. Das Mehl zur Eiermasse geben und verrühren.
- Die Äpfel vierteln und in dünne Scheiben schneiden.
- 2/3 des Teiges in eine mit Backpapier ausgelegte Springform (Durchmesser 18 cm) füllen.
- Die Apfelschnitze darauf verteilen und den Rest des Teiges drüber streichen.
- Den Kuchen mit den Kernen bestreuen und ca. 35 Minuten bei 200 °C backen.

Pro Stück

180	kcal
4 g	Eiweiß
10 g	Fett
18 g	Kohlenhydrate
2 g	Ballaststoffe

Müslistangen

Zutaten für 8 Stück

50 g	Leinsamen
1/4	Würfel Hefe
1/2 TL	Honig
250 g	Weizen-Vollkornmehl
1 TL	Salz
75 g	Rosinen
100 g	Sonnenblumenkerne

Zubereitung

- Den Leinsamen ca. 1 Stunde in 50 ml Wasser einweichen.
- Für den Hefeteig 150 ml warmes Wasser, Hefe und Honig verrühren. Das Mehl mit dem Salz mischen, zugeben und 10 Minuten kneten. Den Teig zugedeckt an einem warmen Ort gehen lassen, bis er sich verdoppelt hat (ca. 30 Minuten).
- Teig nach dem Gehen nochmals durchkneten, dabei die Rosinen, die Hälfte der Sonnenblumenkerne und den gequollenen Leinsamen einarbeiten.
- Mit nassen Händen 8 gleich große Stangen formen, in den restlichen Sonnenblumenkernen wälzen und auf ein mit Backpapier ausgelegtes Blech legen.
- Stangen ca. 15 Minuten auf dem Blech gehen lassen und anschließend 30 Minuten bei 175 °C backen.

Pro Stück

220	kcal
8 g	Eiweiß
9 g	Fett
27 g	Kohlenhydrate
7 g	Ballaststoffe

Pflaumenkuchen (Quark-Öl-Teig)

Zutaten für 8 Stück

Teig

100 g	Speisequark, Magerstufe
3 EL	Milch (1,5 % Fett; 45 ml)
3 EL	Sonnenblumenöl (30 g)
1	Prise Salz
4 EL	Honig (80 g)
200 g	Weizen-Vollkornmehl
1/2	Päckchen Backpulver

Belag

600 g	Zwetschgen, entsteint
1/2 TL	Zimt, gemahlen
20 g	Walnüsse, gehackt

Zubereitung

- Aus Quark, Milch, Öl, Salz, Honig, Mehl und Backpulver schnell einen glatten Teig rühren.
- Zum Ausquellen ca. 15 Minuten kühl stellen.
- Eine Springform mit Backpapier auslegen, den Teig darin zu einem Boden ausdrücken und die Zwetschgen gleichmäßig darauf verteilen.
- Mit Zimt und Walnüssen bestreuen.
- Den Kuchen für ca. 40 Minuten bei 190 °C backen.

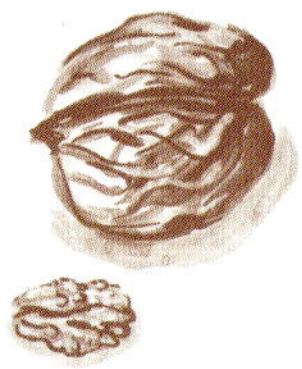

Pro Stück

200	kcal
6 g	Eiweiß
6 g	Fett
30 g	Kohlenhydrate
4 g	Ballaststoffe

Adressen, die weiterhelfen

Deutsche Gesellschaft für Ernährung e.V. (DGE)
Godesberger Allee 18,
53175 Bonn
Tel: 0 22 8 - 3 77 66 00

Vollwert-Ernährung nach Leitzmann, von Koerber, Männle
Verband für Unabhängige Gesundheitsberatung e.V. (UGB)
Keplerstr. 1
35390 Gießen

Deutsche Multiple Sklerose Gesellschaft
Bundesverband e.V.
Küsterstr. 8
30519 Hannover
Tel.: 0511 / 9 68 34-0
Fax: 0511 / 9 68 34-50

Sachverzeichnis